Geschichte des Iran

Ein spannender Überblick über die Geschichte des Iran, von den alten Persern über das Persische Reich bis zum modernen Iran

Inhaltsverzeichnis

EINFÜHRUNG 1

KAPITEL EINS – IRAN: WAS SIE WISSEN MÜSSEN 4

KAPITEL ZWEI – VON DER VORGESCHICHTE BIS ZUM
ALTERTUM 12

KAPITEL DREI – DAS PERSISCHE REICH 19

KAPITEL VIER – EINE NEUE ÄRA 32

KAPITEL FÜNF – DER TÜRKISCH-MONGOLISCHE IRAN 53

KAPITEL SECHS – DIE SAFAWIDEN 63

KAPITEL SIEBEN – DER FRÜHMODERNE IRAN 82

KAPITEL ACHT – DIE GEBURT DES MODERNEN IRAN 99

KAPITEL NEUN – VON REZA SCHAH PAHLAVI BIS ZUR
ISLAMISCHEN REVOLUTION 119

KAPITEL ZEHN – DIE ISLAMISCHE REPUBLIK IRAN 137

SCHLUSSBEMERKUNG 148

SCHAUEN SIE SICH EIN WEITERES BUCH AUS DER REIHE
ENTHRALLING HISTORY AN. 151

LITERATUR 152

BILDQUELLEN 154

Einführung

Der Iran liegt in Westasien, zwischen dem Kaspischen Meer im Norden und dem Persischen Golf im Süden, an der Schnittstelle zwischen der Levante und dem übrigen asiatischen Kontinent. Es ist wohl eines der am günstigsten gelegenen Länder Eurasiens. Das Land, das heute offiziell als Islamische Republik Iran bekannt ist, hat eine Bevölkerung von mehr als 85 Millionen Menschen und ist die sechstgrößte Landmasse in ganz Asien. Der Iran ist ein wichtiger regionaler und globaler Akteur und spielt seit langem eine wichtige Rolle in der Politik des Nahen Ostens. Aufgrund seiner geographischen Lage war die Region lange Zeit ein Treffpunkt antiker Zivilisationen, was zu einer Vermischung von Kulturen, Traditionen, Bräuchen und Lebensstilen geführt und eine einzigartige Geschichte hervorgebracht hat.

Trotz seiner reichen Kultur, seiner fesselnden Geschichte und seiner unverwechselbaren Identität neigt ein Großteil der westlichen Welt dazu, den Iran mit religiösem Fanatismus, veralteten politischen Strukturen und einem inhärenten Hass auf den Westen in Verbindung zu bringen. Diese Vorstellungen sind jedoch relativ neu, da sie größtenteils erst nach der iranischen Revolution von 1979 entstanden sind, als ein demokratisches Regime durch eine islamische Theokratie ersetzt wurde. Die Theokratie hat die iranische Lebensweise stark verändert und besteht bis heute fort.

Was viele Menschen nicht wissen oder besser gesagt nicht anerkennen, ist die Tatsache, dass es im Iran seit Tausenden von Jahren eine Zivilisation gibt, die sich verändert und an die Veränderungen in der Welt angepasst hat, bis schließlich der moderne souveräne Staat des 21. Jahrhunderts entstand, der heute die Islamische Republik Iran ist. Es gibt nicht viele Orte, an denen das Leben so weit zurückreicht wie in dem Gebiet, das heute vom Iran und seinen Randgebieten eingenommen wird. Aus diesem Grund ist die Beschäftigung mit der Geschichte Irans notwendig.

Das Anliegen dieses Buches ist es, einen umfassenden Überblick über die Geschichte Irans sowie über die Ursachen und Folgen jedes wichtigen Ereignisses in der Vergangenheit des Landes zu geben. Ziel ist es, die Geschichte spannend zu erzählen und einen soliden Hintergrund zum Thema zu bieten. In den einzelnen Kapiteln werden die wichtigsten Entwicklungen und Schlüsselfiguren der iranischen Geschichte behandelt und deren Auswirkungen auf die Gesellschaft, Kultur und Politik des Landes im Laufe der Jahrhunderte, von der Antike bis zum 21. Jahrhundert.

Der erste Teil des Buches behandelt die Geschichte des alten Iran bis zum Mittelalter. Wir werden über die Ursprünge der Völker sprechen, die vor Tausenden von Jahren in der Region lebten, und über die Gründung der ersten prähistorischen Siedlungen in der Region. Dann geht es weiter mit dem alten Persien. Wir untersuchen die Entstehung des berühmten altpersischen Reiches und vieler seiner größten Herrscher sowie seine endgültige Eroberung durch Alexander den Großen und die Herrschaft des Hellenismus in der Region. Diese Epoche ist eine der wichtigsten in der Geschichte Irans, da sie wesentlich zur Identitätsbildung des iranischen Volkes beitrug und schließlich zur Ankunft des Islams im 7. Jahrhundert u. Z.

Im mittleren Teil des Buches wird die Geschichte des Iran im Mittelalter behandelt, beginnend mit der Islamisierung der Region, zunächst unter Mohammed und später unter mehreren arabischen Kalifaten, die zu dominierenden regionalen Akteuren im frühen Goldenen Zeitalter des Islams wurden. Wir werden auch die globalen Entwicklungen behandeln, die den mittelalterlichen Iran prägten, einschließlich der berüchtigten Eroberungen der Region durch mehrere zentralasiatische Horden, nämlich die Mongolen und die Timuriden, vom 13. bis zum 16. Jahrhundert. Dieser Teil des Buches schließt mit einer Erörterung der Entstehung der Safawiden-Dynastie, die den Iran fast 250 Jahre lang regierte. Während der Safawidenzeit wurde der Iran zu einem der größten und mächtigsten Reiche Eurasiens und erlebte eine Reihe sozio-politischer und kultureller Veränderungen, die sein Erbe stark prägen sollten.

Der letzte Teil des Buches untersucht die letzten dreihundert Jahre der iranischen Geschichte, beginnend mit der Kadscharenzeit, die von 1797 bis 1925 dauerte und zur Entstehung des modernen Iran führte. Die frühneuzeitliche Geschichte des Iran ist für ihren hohen Grad an kultureller und sozioökonomischer Entwicklung bekannt. Anschließend werden wir die Demokratisierung des Iran mit der Weißen Revolution und den wichtigen Prozessen, die unmittelbar nach dem Ende des Zweiten Weltkriegs stattfanden, diskutieren. Darauf folgte die reaktionäre Islamische Revolution und die Errichtung eines theokratischen Regimes, das viele der in den vorangegangenen Jahrzehnten erzielten Fortschritte wieder rückgängig machte.

Es ist nicht immer einfach, sich in die Geschichte des Iran zu vertiefen, denn die Vielzahl der Ereignisse verlangt nach einer adäquaten Darstellung. Deshalb erhalten Sie hier einen Überblick über die wichtigsten politischen, sozialen und kulturellen Entwicklungen im Iran, die letztlich zur Entstehung des heutigen Iran geführt haben.

Kapitel Eins – Iran: Was Sie wissen müssen

Geografie

Die Geografie Irans wird von Gebirgsregionen dominiert, die das Land praktisch umgeben, sowie von kleineren flacheren Landstrichen im Innern des Landes. Das Zagros-Gebirge, das sich fast vom Kaukasus bis zum Persischen Golf erstreckt, ist das größte Gebirge der Region. Im nördlichen Teil des Landes, südlich des Kaspischen Meeres, liegt das Elburs-Gebirge, dessen Gipfel zum Teil über 3000 m hoch sind. Hier befindet sich auch der berühmte Damawand-Gipfel, der über 5.600 Meter hoch ist und in der persischen Mythologie und Kultur eine zentrale Rolle spielt. Im Osten wird das Land durch kleinere Gebirgszüge von Pakistan und Afghanistan getrennt, die das Landesinnere umschließen und den Iran mit einer durchschnittlichen Höhe von etwa 1.300 Metern zu einem der höchstgelegenen Länder der Welt machen.

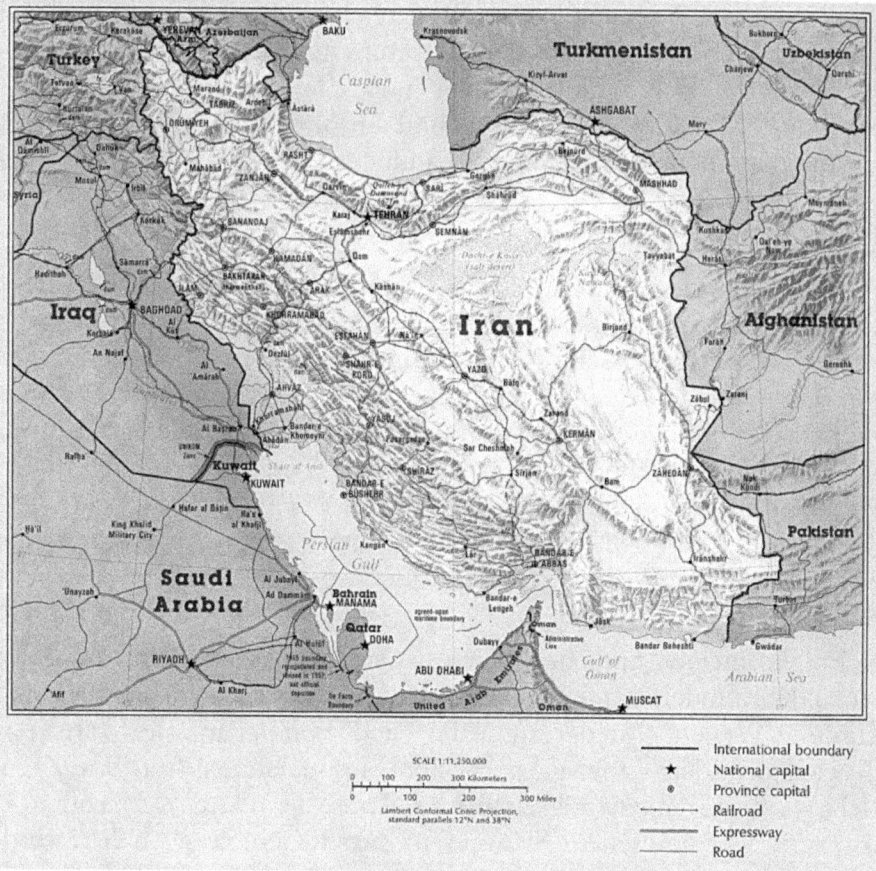

———	International boundary
★	National capital
◉	Province capital
┅┅┅	Railroad
———	Expressway
———	Road

Karte des Iran. [1]

Die Nähe so vieler unterschiedlicher Gebirgsketten, die gemeinhin als Iranisches Hochland bezeichnet werden und die nach Ansicht von Geologen im Vergleich zu anderen Gebirgsketten der Welt relativ jung sind, hat zur Folge, dass die Region seismologisch sehr aktiv ist, was in verschiedenen Chroniken der persischen Geschichte immer wieder erwähnt wird. Im Herzen des iranischen Hochlandes liegen die Wüsten Kawir und Lut im Norden und Südosten des Iran. Diese beiden Wüsten sind extrem heiß und windig und gehören zu den unwirtlichsten Orten der Welt. Niemand lebt dort. Tatsächlich ist der größte Teil des iranischen Territoriums für Siedlungszwecke ungeeignet, da der Iran aus trockenem Land mit flachem Boden besteht. Es fehlt an Wasser, und das Land ist für die Landwirtschaft ungeeignet.

Trotz dieser Nachteile ist der Iran reich an Bodenschätzen. Seit der Antike wissen die Iraner um den Reichtum des Landes an verschiedenen Metallen wie Eisen, Zink, Kupfer und Blei. Der moderne Iran ist berühmt für seine Kohle-, Erdgas- und Erdölvorkommen, die im letzten Jahrhundert den Aufstieg des Landes zu einer mächtigen Nation ermöglichten.

Das iranische Volk

Historiker und Anthropologen gehen davon aus, dass der Begriff „Iran" erstmals im 3. Jahrhundert v. u. Z. von einem lokalen Herrscher verwendet wurde, der sein Reich Iranschahr nannte. Der Name leitet sich von den Ariern ab, einer Untergruppe der indogermanischen Völker, die langsam nach Indien und in den Iran einwanderten und sich ab 2000 v. u. Z. in den ersten Siedlungen und Stammesgesellschaften im Iran organisierten (das Industal hatte bereits eine eigene entwickelte Zivilisation). Es besteht daher Grund zu der Annahme, dass „Iran" eine Abwandlung des Wortes „Arier" ist und so viel wie „Land der Arier" bedeutet.

Im allgemeinen Sprachgebrauch hat sich das Wort „Iran" jedoch erst im 20. Jahrhundert durchgesetzt, da das Land meist als Persien bezeichnet wurde. „Persien" wiederum leitet sich von „Parahshe" ab, einer Bezeichnung der semitischen Völker Mesopotamiens für das Zagros-Gebirge. Es bedeutet möglicherweise „Land der Pferde". Nachdem die arischen (oder iranischen) Stämme im Zagros-Gebirge sesshaft geworden waren, übernahmen sie wahrscheinlich diesen Namen für sich und wurden so bei ihren Nachbarvölkern bekannt. Die alten Griechen nannten die Bewohner der Region „Perser" und ihr Land „Persien". Dieser Name blieb bis ins 20. Jahrhundert bestehen. Obwohl die Begriffe „Iran" und „Persien" nicht genau gleichbedeutend sind, da sich Letzterer ursprünglich auf die Länder des Zagros bezog und Ersterer von den arischen Völkern stammt, die sich nach und nach in der Region niederließen, weisen sie doch Ähnlichkeiten auf und wurden häufig verwendet, um sich auf dasselbe Volk und dasselbe Land zu beziehen.

Die demographische Situation des Iran ist weniger kompliziert. Heute besteht das Land hauptsächlich aus drei ethnischen Gruppen, die sich durch ihre Sprache unterscheiden: Iraner, Türken und Semiten. Persisch ist heute die am weitesten verbreitete Sprache im Land. Das moderne Persisch entwickelte sich aus dem Altpersischen durch die Assimilation von Kulturen und Völkern. Es verbindet heute Elemente des Arabischen mit der eher lokalen Pahlavi-Sprache. Zusammen mit dem kurdischen

Dialekt, der von weit über 10 Prozent der kurdischstämmigen Bevölkerung des Landes gesprochen wird, bildet die persische Sprache heute die größte sprachlich-kulturelle Gruppe im Iran.

Dann gibt es die Turkvölker, die aus Zentralasien in die Region kamen, aber schließlich nach Westen wanderten und sich hauptsächlich in Anatolien niederließen. Dennoch spricht auch heute noch etwa ein Viertel der Iraner eine Variante der türkischen Sprache. Eine kleine Minderheit der iranischen Bevölkerung sind semitische Völker, die arabische Sprachen sprechen und hauptsächlich in der Region Chuzestan im Westen des Landes leben.

Was die Religion im Iran betrifft, so ist die Mehrheit der Bevölkerung wenig überraschend muslimisch. Schiitische Muslime machen etwa 89 Prozent der Bevölkerung aus, während etwa 10 Prozent Sunniten sind. Damit ist der Iran das größte Land mit einer schiitischen Bevölkerungsmehrheit. Aufgrund der historischen Feindschaft zwischen den beiden Gruppen hat der Iran schlechte Beziehungen zu seinen Nachbarstaaten, von denen die meisten sunnitisch geprägt sind. Das verbleibende eine Prozent der Bevölkerung setzt sich aus Christen, Juden und Angehörigen der zoroastrischen Religion zusammen.

Politische Geografie

Der Iran ist das siebzehntgrößte Land der Welt und erstreckt sich über eine Fläche von etwa 1.620.000 Quadratkilometern, die größtenteils aus unwirtlichem, trockenem Land, Bergen, Hügeln und Wüsten besteht. Aufgrund der rauen Geografie der Region hat der Iran seit jeher mit Schwierigkeiten bei der Verkehrsanbindung zu kämpfen. Die Gebirgsketten haben nur wenige Pässe, deren Überquerung aufgrund ihrer abgelegenen, hohen und unwirtlichen Lage lange Zeit mit großen Risiken verbunden war. Vor der Entwicklung einer modernen Infrastruktur stellten Wüsten ähnliche Hindernisse dar. Es gab keine effektive Möglichkeit, sie zu umgehen, zumal der Iran nur über einen einzigen Fluss verfügt, der für den Transport genutzt werden kann – den Karun – und selbst dieser fließt nur durch einen kleinen Teil des Landes.

Die Verkehrsinfrastruktur war so schlecht ausgebaut, dass man im Mittelalter etwa ein halbes Jahr brauchte, um das Land von Ost nach West zu durchqueren. Im Vergleich dazu gab es in Europa und in den Ländern der Levante selten solche Hindernisse. Das schwierige Gelände machte es fast unmöglich, eine zusammenhängende Infrastruktur zu schaffen, da die Ingenieure Schwierigkeiten hatten, sich in der rauen und unebenen Geografie der Region zurechtzufinden, um ein gutes Straßen- und Schienennetz zu aufzubauen.

Der Mangel an Verkehrsverbindungen war ein Hindernis für die Einführung eines zentralisierten politischen Systems. Da es kaum möglich war, Menschen, Ressourcen und Informationen schnell über das Hochland zu transportieren, war es oft schwierig, eine politische Einheit zu schaffen. Im Laufe der iranischen Geschichte entstanden verschiedene Regionen und Provinzen, die sich nicht nur weitgehend selbst regierten, sondern auch eigene Bräuche, Traditionen und Gesellschaften entwickelten.

Die größten Verwaltungseinheiten im Iran sind die Provinzen, von denen es 31 gibt. Ähnliche Verwaltungseinheiten haben im Laufe der Geschichte verschiedene Formen angenommen, sind aber in ihrem Wesen immer gleich geblieben. Der östliche und nordöstliche Teil des Landes ist als Chorasan bekannt, der aufgrund seiner relativ leicht zu durchquerenden Geografie das Haupteinfallstor der zentralasiatischen Völker in den Iran war.

Im Norden liegen die Provinzen Golestan, Mazandaran und Gilan, die alle an das Kaspische Meer grenzen. Aus diesem Grund weisen sie einige der einzigartigen Merkmale des gesamten Iran auf. Sie sind sehr dicht besiedelt und produzieren eine Vielzahl von Gütern, die der Rest des Landes nicht herstellen kann wie Zitrusfrüchte, Tee, Baumwolle und Meeresprodukte. Jahrhundertelang galten diese Regionen als die am meisten abgelegenen, da die Menschen nicht über die Mittel verfügten, sie mit den übrigen Provinzen Irans zu verbinden, was zu sozialen und kulturellen Unterschieden führte, die bis heute fortbestehen. Eine weitere fruchtbare Region des Landes liegt im Nordwesten. Die Provinz Aserbaidschan (nicht zu verwechseln mit der unmittelbar nördlich angrenzenden Republik Aserbaidschan) hat aufgrund ihrer Nähe zum kulturell anders geprägten Kaukasus wohl die stärkste regionale, eigenständige Identität.

Im Südwesten des Landes liegt die Region Fars, das Zentrum der alten persischen Zivilisation. Sie wird oft als das eigentliche Persien oder Persis bezeichnet. Hier konzentrierte sich ein Großteil der Macht des antiken Persiens, darunter die prachtvollen Städte Persepolis und Pasargadae, zwei der fünf Hauptstädte des Achämenidenreiches. Im Laufe der Zeit nahm ihre politische und wirtschaftliche Bedeutung ab, da sich das Zentrum Persiens immer weiter nach Nordwesten verlagerte. Fars ist nach wie vor eine der bekanntesten Provinzen des heutigen Iran und die Ruinen seiner antiken Städte sind beliebte Touristenattraktionen.

Wir haben bereits kurz die Provinz Chuzestan erwähnt, die im westlichsten Teil des Landes liegt und an die historisch bedeutenden Länder Mesopotamiens grenzt. Als Tor zum Westen hatte Chuzestan in den Augen der iranischen Herrscher schon immer eine besondere politische Bedeutung. Heutzutage ist es einer der ethnisch und kulturell vielfältigsten Orte im Iran, in dem die Mehrheit der arabischen Bevölkerung des Landes lebt.

Im Südosten schließlich liegen die am wenigsten entwickelten Provinzen des Iran: Kerman, Makran, Belutschistan und Sistan. Da sie an das heutige Pakistan grenzen und weit vom Zentrum des Landes entfernt liegen, ist es nicht verwunderlich, dass diese Gebiete von den iranischen Herrschern am wenigsten beachtet wurden. Aufgrund der harten klimatischen Bedingungen konnte sich das Leben in diesen Provinzen im Vergleich zu anderen Gebieten nie entfalten.

In aller Kürze: Das sozioökonomische System

Schließlich ist es notwendig, die sozioökonomische Struktur des Iran zu betrachten, da sie zusammen mit allen anderen oben genannten Faktoren das Leben des iranischen Volkes im Laufe der Geschichte geprägt hat.

Das Wichtigste, was man über die iranische Wirtschaft wissen muss, ist, dass im Gegensatz zu seinen mesopotamischen Nachbarn im Westen, die mit fruchtbaren Böden und Süßwasser gesegnet sind, der größte Teil des iranischen Landes für landwirtschaftlichen Anbau, zumindest was die Getreideernte betrifft, völlig ungeeignet ist. Aufgrund des Mangels an natürlicher Vegetation und der extrem hohen Temperaturen waren die antiken Völker, die den Iran ursprünglich bewohnten, größtenteils Nomadenstämme. Sie zogen mit ihrem Vieh und ihren Pferden regelmäßig umher, um genügend Weideland für ihre Tiere zu finden.

Im Gegensatz zu den zentralasiatischen Ebenen ist der Iran viel hügeliger, was für die Nomaden zusätzliche Anstrengungen bedeutete, um zu überleben. Um den harten klimatischen Bedingungen der Jahreszeiten zu entgehen, zogen sie im Sommer in die Berge, wo die Temperaturen relativ niedrig waren, und kehrten im Winter aus demselben Grund in niedrigere Lagen zurück. Trotz aller Entbehrungen war die nomadische Viehhaltung (insbesondere die oben beschriebene „vertikale" Viehhaltung) in der Antike eine weit verbreitete Wirtschaftsform.

Dies versorgte die iranischen Stämme natürlich mit Nahrung und anderen notwendigen Produkten wie Leder und Wolle, die zur Herstellung von Kleidung, Unterkünften und anderen Ausrüstungsgegenständen verwendet wurden. Als die Weidewirtschaft für das Überleben immer wichtiger wurde und die Zahl der Menschen innerhalb eines Stammes zunahm, schlossen sich benachbarte Stämme zusammen, um ihre Herden, die normalerweise über große Gebiete verteilt waren, besser kontrollieren zu können. Mit der Zeit beherrschten diese Stämme die lokale Geografie und erlernten andere Fähigkeiten, die ihnen das Überleben erleichterten, wie Reiten und Bogenschießen. Nach und nach wurden die verschiedenen Stämme zu den wichtigsten Akteuren in den Armeen der iranischen Staaten.

Interessanterweise war die Viehhaltung durch Hirtenstämme in der einen oder anderen Form bis ins 20. Jahrhundert hinein eine wichtige Tätigkeit im Iran. Noch in den 1930er Jahren gab es z.B. in den entlegensten Gebieten des Iran Stämme, die von der Zentralregierung weitgehend unabhängig und autonom waren. Mit den großen technologischen Fortschritten in allen Lebensbereichen im Zeitalter der Modernisierung und Globalisierung hat die Bedeutung der Nomadenstämme jedoch drastisch abgenommen. Viele haben sich schließlich angepasst und sich in ländlichen oder städtischen Gebieten im ganzen Land niedergelassen.

Eine ganz entscheidende Entwicklung, die die Wirtschaft des alten Iran prägte, war die Erfindung des Qanats, eines unterirdischen Kanals, der es der iranischen Bevölkerung ermöglichte, in der Nähe der wenigen vorhandenen Wasserressourcen, wie z.B. kleinen Bächen, Feldfrüchte anzubauen. Das System der Qanate, das im ganzen Land entwickelt und eingeführt wurde, war eine bahnbrechende Erfindung, die die Hänge des iranischen Hochlandes nutzte, um sauberes Wasser von höher gelegenen Ebenen in tiefer gelegene Gebiete zu transportieren und gleichzeitig den Wasserverlust durch Faktoren wie Verdunstung (da das Wasser unterirdisch floss) zu minimieren. Es war eine bemerkenswerte Errungenschaft der antiken Ingenieurskunst und erforderte ständige Anstrengungen, um es zu erhalten. Andernfalls hätte man mit Schäden, Erosion und Leckagen zu kämpfen gehabt.

Im Laufe der Zeit wurden die Qanate zu einem festen Bestandteil des iranischen Lebens, und das Netz wurde nach und nach erweitert, um den gesamten Wasserbedarf des Landes zu decken. Noch heute sind ihre Überreste in den ländlichen Gebieten des Landes zu sehen. Sie sind leicht an der Reihe von Löchern entlang der Kanäle zu erkennen, die früher dazu dienten, den Zustand des Qanats zu überprüfen, als er noch in Betrieb war.

Der Bau von Qanaten war die Aufgabe reicher Grundbesitzer, die Bauern zur Bewirtschaftung ihres Landes beschäftigten. Obwohl die Landwirtschaft nie die Stärke des Iran war und die Ernten viel geringer ausfielen als in den fruchtbareren Nachbarregionen, war diese Art von landwirtschaftlichem Unternehmen bis in die frühe Neuzeit die Haupttriebkraft der sozialen Hierarchie im Iran. Das System war zwar nicht ganz feudal, zumindest nicht in dem Maße wie in Europa, aber es funktionierte im Wesentlichen ähnlich. Die Angehörigen der Oberschicht besaßen im Wesentlichen das Land, auf dem die Bauern lebten und arbeiteten. Die Landbesitzer gaben einen kleinen Teil des Einkommens von diesem Land an die Arbeiter ab und behielten den Großteil für sich. Im Gegenzug boten die Landbesitzer den Arbeitern Schutz und finanzierten und überwachten den Bau der Qanate, die für ein Mitglied der Elite ebenso wichtig waren wie für einen Bauern.

Im Zuge der Modernisierung hat sich der Urbanisierungsgrad im Iran natürlich dramatisch erhöht und immer mehr Menschen sind in die großen städtischen Zentren gezogen. Dies trug zum Rückgang der inländischen Nahrungsmittelproduktion bei, da die landwirtschaftliche Lebensweise an Bedeutung verlor (die im Vergleich zu anderen Ländern ähnlicher Größe ohnehin nicht sehr ausgeprägt war). Heute macht die Landwirtschaft etwa 25 Prozent der iranischen Wirtschaft aus, und das Land produziert hauptsächlich Obst und Gemüse für Nischenmärkte wie Aprikosen und Rosinen. Dennoch konnte die Nahrungsmittelproduktion nicht mit dem Bevölkerungswachstum Schritt halten, so dass das Land etwa ein Viertel seiner Nahrungsmittel aus dem Ausland importieren muss.

Kapitel Zwei – Von der Vorgeschichte bis zum Altertum

Aufstieg und Fall der Elamiter

Es wird vermutet, dass die ersten primitiven Dauersiedlungen im Iran um 7000 v. u. Z. entstanden sind, nachdem jahrtausendelange Klimaveränderungen die Ebenen nicht nur bewohnbar gemacht, sondern ihnen auch ein Aussehen verliehen hatten, das dem heutigen sehr ähnlich ist. Während der Jungsteinzeit sollen im zentralen Teil des Zagros-Gebietes die ersten iranischen Siedlungen entstanden sein. Die archäologische Stätte Tepe Sialk, die auf etwa 6500 bis 5000 v. u. Z. datiert wird, ist eines der wichtigsten Beispiele für eine neolithische Siedlung in dieser Region.

In den folgenden zwei Jahrtausenden nahm die Zahl der neuen Siedlungen in der Region ab, da die Menschen allmählich zum nomadischen Hirtenleben übergingen, wie es im vorhergehenden Kapitel beschrieben wurde. Interessanterweise deuten archäologische Funde darauf hin, dass die Siedlungen, die nicht aufgegeben wurden, an Größe zunahmen.

Die Wissenschaftler wissen jedoch noch nicht, was zu dieser drastischen Veränderung der Lebensweise geführt hat. Wahrscheinlich war es eine plötzliche Klimaveränderung, die die Bemühungen um ein sesshaftes Leben als Ackerbauern erschwerte, insbesondere in dieser frühen Phase, in der sich die Landwirtschaft insgesamt noch in der Entwicklung befand. Viele Historiker vermuten auch, dass Menschen aus dem Iran langsam nach Westen in die fruchtbareren Gebiete Mesopotamiens zogen, wo die Lebensbedingungen besser waren.

Der Mangel an geeigneten Flächen für die Landwirtschaft wurde durch den Reichtum an natürlichen Ressourcen ausgeglichen. Die prähistorischen Völker scheinen sich dessen bereits um 5000 v. u. Z. bewusst gewesen zu sein, als die Menschen im iranischen Hochland begannen, Kupferwerkzeuge zu verwenden und Knochen und Feuerstein als Hauptwerkstoffe abzulösen. Obwohl Kupfer zu dieser Zeit das am häufigsten vorkommende und verwendete Material war, deuten archäologische Funde darauf hin, dass die Menschen in der Hochebene in der Nähe der heutigen Städte Isfahan, Kerman und Qazvin (heute Ghazwin) auch andere Metalle wie Blei, Gold und Silber abbauten und verwendeten.

Eine der am weitesten entwickelten Siedlungen war Schahr-e Suchte in der östlichsten Region des heutigen Sistan, in der Nähe des Hamun-Sees und des Flusses Helmand. Schahr-e Suchte, das auf etwa 4000 v. u. Z. zurückgeht und wahrscheinlich bis 1300 v. u. Z. existierte, blühte als eine der reichsten und größten Städte im Iran und seiner Umgebung auf und erreichte in seiner Blütezeit eine Bevölkerung von nicht weniger als 8000 Menschen. Aufgrund der Nähe zu Wasserquellen, die die Siedlung auch mit Fischen versorgten, und des Reichtums an verschiedenen Mineralien in der Region, wie z.B. Lapislazuli, ist Schahr-e Suchte bis heute eines der bedeutendsten Beispiele einer urbanisierten iranischen Gesellschaft in prähistorischer Zeit.

Die benachbarten Zivilisationen in Mesopotamien erreichten neue Stadien der Urbanisierung und Entwicklung, der Aufzeichnung ihres Lebens und des Übergangs zu den ersten staatsähnlichen Gesellschaften der Antike. Die frühen iranischen Völker erreichten nie ein ähnliches Niveau. Die Gruppen, die im westlichen Teil des Iran lebten, wie die Urartäer und die Lulubi, wurden in einigen mesopotamischen Schriften erwähnt, was bedeutet, dass sie in irgendeiner Form mit den Mesopotamiern in Kontakt standen. Allerdings konnten sie in Bezug auf die allgemeine Lebensqualität nie ganz mit den Mesopotamiern mithalten.

Es gab jedoch eine Gruppe von Menschen, die es mit ihnen aufnehmen konnte. Sie gelten als die erste iranische Zivilisation der Bronzezeit. Es waren die Elamiter, die aus dem südlichen Teil des iranischen Hochlandes in die Region Chuzestan kamen und sie schließlich beherrschten. Im Gegensatz zu anderen iranischen Völkern gelang es den Elamitern schon kurz nach ihrer Ankunft, etwa 3000 v. u.

Z., eine eigene Sprache und Schrift zu entwickeln, auch wenn es Historikern nicht gelungen ist, die frühesten Formen ihrer Sprache vollständig zu entziffern. Aus den Texten ihrer Nachbarn, der Babylonier und Akkader, geht hervor, dass der elamische Staat um 2700 v. u. Z. eines der bedeutendsten Königreiche der Region war. Es erstreckte sich über einen großen Teil des heutigen Iran und entwickelte wahrscheinlich ein ausgedehntes Handelsnetz, das die östlichsten und westlichsten Siedlungen, einschließlich Schar-e Suchte, miteinander verband.

Bis etwa Mitte der 630er Jahre scheint das Königreich Elam drei verschiedene Perioden durchlaufen zu haben: die Alte Periode (2400-1600 v. u. Z.), die Mittlere Periode (1500-1100 v. u. Z.) und die Neo-Elamische Periode (1100-600 v. u. Z.). In dieser Periode erreichte das Königreich Elam neue Höhen der Entwicklung und Herrschaft im Südosten Irans und forderte die Nachbarstaaten heraus, um die Macht und Kontrolle über die Stadt Susa zu erlangen, die sich zu einem wichtigen regionalen Zentrum entwickelte. Tatsächlich gelang es dem Königreich Elam in seiner Blütezeit um 1175 v. u. Z. sogar, die Stadt Babylon anzugreifen und zu plündern, wobei eine der Säulen des Codex Hammurapi erbeutet und nach Susa gebracht wurde.

Obwohl die Elamiter zum „ersten iranischen Reich" wurden, wurden sie schließlich 639 v. u. Z. von den Assyrern vernichtet, als der assyrische König Assurbanipal Susa eroberte. Die Überreste des Reiches wurden schließlich von den ethnischen Iranern übernommen, die zu dieser Zeit langsam und in immer größerer Zahl in die zentralen und südlichen Teile des Iran vordrangen.

Der Beitrag des elamischen Reiches zur Entwicklung des Handels und der frühiranischen Kultur sowie seine Rolle bei der Herstellung von Beziehungen zu den fortgeschritteneren Völkern Mesopotamiens machen es zu einem der wichtigsten Teile der antiken iranischen Geschichte.

Die Awesta und die Geburt des Zoroastrismus

Um 2000 v. u. Z. erreichte die arische Gruppe der indoeuropäischen Völker den Iran, ließ sich dort dauerhaft nieder und gab dem Land schließlich seinen Namen. Ihre Ankunft fiel mit dem Niedergang mehrerer Zivilisationen im Nahen Osten, im Mittelmeerraum und im Industal zusammen. Historiker gehen davon aus, dass die Arier in vielen Fällen in diese Gebiete eindrangen, sie eroberten und die anderen Kulturen nach und nach durch ihre eigene ersetzten, so auch auf der iranischen Hochebene.

Die Arier, die im Iran lebten, werden im Allgemeinen in zwei Gruppen unterteilt. Die erste Gruppe waren die Arier, die im westlichen Teil der Hochebene lebten. Sie sprachen schließlich die altpersische Sprache, während die andere Gruppe eine völlig andere Sprache sprach, die als Awesta bekannt ist. Sie lebten im Osten. Da über die Geschichte der Awesta-Iraner viel weniger bekannt ist als über die ihrer westlichen Pendants, ist es vielleicht besser, hier kurz auf sie einzugehen und dann zu den Ariern des Westens überzugehen, aus denen schließlich die altpersische Zivilisation hervorgehen sollte.

Der Name „Awesta" bezieht sich auf eine Sammlung heiliger Texte, Hymnen und Schriften der zoroastrischen Religion. Als Wiege der Anhänger des Awesta gelten die Länder des Airyanem Vaejah im östlichen Iran, im heutigen Pakistan und in Afghanistan, so dass die Beschreibung recht weit gefasst ist. Airyanem Vaejah wird in zoroastrischen und awestischen Schriften als Mittelpunkt der Welt und Geburtsort des legendären Zoroaster beschrieben. Es ist auch die Heimat des heiligen Berges Hara, der in der zoroastrischen Mythologie eine besondere Stellung einnimmt. Historiker vermuten, dass die genannten Gebiete die eigentliche Heimat der Awestaner waren.

Die Geschichte der Iraner in der awestischen Periode ist in zwei Teile gegliedert: altawestisch und jungawestisch. In der Übergangsphase zwischen den beiden Perioden fanden viele kulturelle und soziale Entwicklungen statt. Die altawestische Periode war gekennzeichnet durch eine einfache Gesellschaftsstruktur, einen für die damalige Zeit geringen Urbanisierungsgrad, fehlende Alphabetisierung und begrenzten Handel und Kontakt mit anderen Völkern. In der jüngeren awestischen Periode hingegen kam es zu einer Anpassung an die agrarisch-pastorale Lebensweise (die Kuh wurde als heiliges Wesen betrachtet), zur Gründung von Siedlungen und zur Etablierung früher Formen von familiären Sozialstrukturen ohne viele Hierarchieebenen. Die Gesellschaft der jüngeren awestischen Periode war im Wesentlichen in drei Klassen unterteilt: Krieger, Priester und Hirten. Dies war eine recht primitive, aber nützliche Einteilung.

Die Kultur der Awesten ist vor allem für ihre Religion, den Zoroastrismus, bekannt. Es wird angenommen, dass der große Prophet Zoroaster (Zarathustra), eine zentrale Figur in der Entstehung dieser Religion, unter den Awesten erschienen ist. Diese Hypothese ist erst in jüngster Zeit ins Blickfeld der Historiker gerückt. Traditionell wurde angenommen, dass Zoroaster in einem Ort namens Ray in der Nähe des heutigen Teheran geboren wurde. Man nimmt an, dass er irgendwann im 6. oder 7. Jahrhundert v. u. Z. geboren wurde, etwa zweieinhalb Jahrhunderte vor der Eroberung Persiens durch Alexander den Großen. Die Awesta-Schriften und die Gathas, die ältesten Texte des Zoroastrismus (vermutlich von Zoroaster selbst verfasst), deuten darauf hin, dass der große Prophet in der Region Airyanem Vaejah geboren wurde. Diese Vermutung wird durch die Ähnlichkeiten zwischen den Gathas und den Veden (den berühmten Texten der hinduistischen Religion in Indien) verstärkt und erscheint aufgrund der relativen Nähe der beiden Orte logischer.

Nach Zoroaster war die Gottheit, die er verehrte, der einzig wahre Gott, Ahura Mazda, der „weise Gott". Zu dieser Zeit betonten andere alte Religionen im Iran, wie in vielen anderen Teilen der Welt, die Heiligkeit astronomischer Objekte wie Sonne und Mond und verehrten Personifikationen von Naturphänomenen wie Wind und Regen. Dagegen wandte sich Zoroaster. Er verkündete, seine Visionen hätten ihm das eine transzendente Wesen offenbart, den Schöpfer aller Dinge und „Urvater der Gerechtigkeit". Ahura Mazda sei der Gott, der die Erde, die Sterne, den Mond und alles Lebendige erschaffen habe. Angra Mainyu hingegen war der „böse Zwilling" Ahura Mazdas und die Quelle allen Übels und aller Finsternis. Der Kampf der Menschen bestand darin, dem Weg Ahura Mazdas zu folgen, ein gutes und rechtschaffenes Leben zu führen und seine majestätische Natur zu preisen und zu feiern.

Der Zoroastrismus sollte bald zum zentralen Glauben der iranischen Kultur werden und die Region für immer prägen. Er baute auf den älteren Religionen auf und entwickelte sie in gewisser Weise weiter, indem er den Kampf zwischen Gut und Böse in den Mittelpunkt der Religion stellte. Zoroaster hinterließ einen bleibenden Eindruck nicht nur im Iran und bei seinem Volk, sondern auch bei anderen Kulturen, mit denen diese Religion in Berührung kam.

Die Meder

Die Awesten sind ein wichtiger Teil der Geschichte des antiken Iran, obwohl aufgrund ihrer Isolation von anderen fortschrittlichen und gebildeten Gesellschaften der damaligen Zeit nur wenig über sie bekannt ist. Wir wissen viel mehr über die Menschen, die im Norden und Südwesten Irans siedelten. Etwa im 9. Jahrhundert v. u. Z. sprechen alte mesopotamische Schriften von den Medern, die südlich des Elburs-Gebirges im westlichen Teil des iranischen Hochlandes lebten und den fortgeschritteneren antiken Zivilisationen viel näher standen als die

Awesten. Zahlreiche archäologische Funde in diesem Gebiet unterstützen diese Behauptung, da mehrere alte medische Siedlungen entdeckt und gründlich ausgegraben wurden.

Die Meder sind in der iranischen Geschichte wichtig, weil sie zusammen mit den Elamitern im Süden zu den ersten Iranern gehörten, die sich zu staatsähnlichen Gebilden zusammenschlossen. Historiker glauben, dass der Grund für ihren Aufstieg von einer primitiven nomadischen Stammesgesellschaft zu einer kohärenteren politischen Struktur im Kontakt mit ihrem expansionistischen westlichen Nachbarn Assyrien lag. Das assyrische Reich war eine der mächtigsten militärischen Gruppen im alten Mesopotamien, und sein Bedarf an Metallen und Pferden war wahrscheinlich der Grund für seine Expeditionen nach Osten in die iranischen Gebiete, die bereits 881 v. u. Z. begannen.

In den folgenden Jahrhunderten herrschten verschiedene assyrische Könige über die Meder, was dazu führte, dass sich die Meder zu einer überwiegend anti-assyrischen Fraktion zusammenschlossen, um den Eindringlingen Widerstand zu leisten. Schließlich berichten die assyrischen Aufzeichnungen von einem Mann namens Daiaukku, dem es gelang, die Meder zu einem Aufstand gegen die Assyrer zu vereinen und sie gegen Ende des 8. Jahrhunderts zu vertreiben. Dies stimmt mit den Berichten von Herodot überein, der erwähnt, dass ein Mann namens Deiokes der erste König der Meder wurde und fast fünfzig Jahre lang regierte. Er wurde berühmt für seine Bemühungen, die Assyrer zu besiegen.

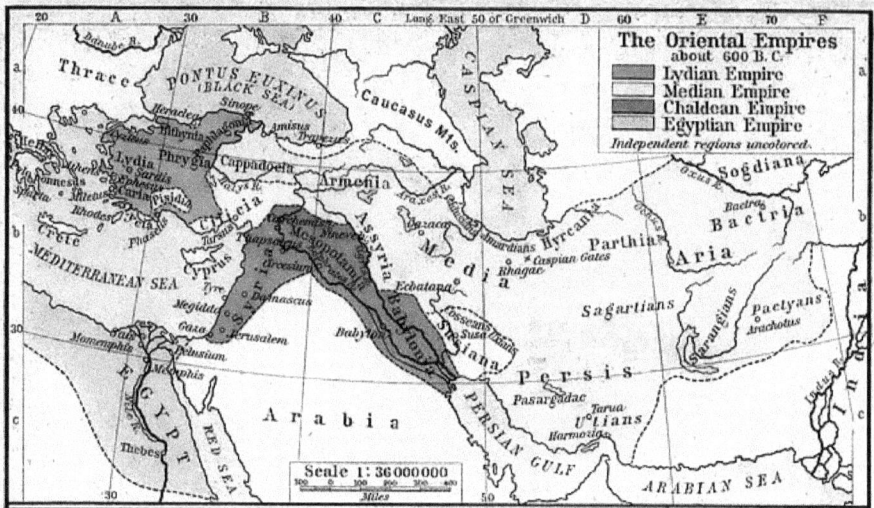

Das Reich der Meder in seiner größten Ausdehnung.[2]

Die Meder traten in die Fußstapfen Daiaukkus und begannen ihren langen Kampf um die Befreiung vom assyrischen Joch. Schließlich bestieg Kyaxares, der Enkel Daiaukkus, um 625 v. u. Z. den Thron und schaffte es nicht nur, seine Rivalen zu besiegen, sondern das medische Reich zu einem der mächtigsten und wohlhabendsten Reiche der damaligen antiken Welt zu machen. Herodot berichtet, wie Kyaxares das medische Heer völlig umstrukturierte und skythische und assyrische Elemente einfließen ließ, um es professioneller und schlagkräftiger zu machen. Er verbündete sich auch mit anderen Iranern wie den Persern. Kyaxares verbündete sich mit Babylonien, dem Feind des assyrischen Reiches. Ende des 7. Jahrhunderts v. u. Z. besiegte er mit Hilfe seiner Verbündeten die Assyrer und eroberte zusammen mit Babylonien ihr Land.

Was die Herrschaft von Kyaxares so legendär macht, ist die Tatsache, dass er bis zu seinem Tod um 584 v. u. Z. nach Osten und Westen expandierte. Er zerstörte das Königreich Urartu in Armenien, fiel in Ostanatolien ein und eroberte dort Gebiete, bevor er Frieden mit dem alten lydischen Reich schloss, das Westanatolien beherrschte.

Die Herrschaft des Königs Kyaxares markierte den absoluten Höhepunkt des Medischen Reiches, das nach der Thronbesteigung von Kyaxares' Sohn Astyages allmählich zu zerfallen begann. In seiner größten Ausdehnung kontrollierte das Medische Reich ein riesiges Gebiet, das den größten Teil des heutigen Iran, Provinzen im Norden Mesopotamiens, Großarmenien, Westanatolien und Gebiete im Osten umfasste.

Kapitel Drei – Das Persische Reich

Von Achämenes bis zu Kyros dem Großen

Südlich der Meder, in der historischen Provinz Fars oder Persis, zwischen den Flüssen Polvar und Kur, entstand um 700 v. u. Z. eine weitere Volksgruppe. Sie wurden Perser genannt und sollten später die Nachbarländer beherrschen und legendäre Reiche bilden, was sie zu den „eigentlichen" Vorfahren des Iran macht. Man nimmt an, dass die verschiedenen Stämme durch die legendäre Gestalt des Achämenes geeint wurden, der als ihr Anführer und Begründer der Dynastie der Achämeniden gilt, die Persien und sein Volk jahrhundertelang regierten.

Wie ihre Nachbarn im Norden, die Meder, waren auch die Perser sehr aktiv und standen in häufigem Kontakt mit den umliegenden Völkern. So kämpften die Perser um 670 v. u. Z. an der Seite der Elamiter gegen die einfallenden Assyrer. König Teispes, der Sohn des Achämenes, eroberte schließlich die elamische Hauptstadt Anshan. Nachdem er sein Reich vergrößert hatte, teilte er die Herrschaft zwischen seinen beiden Söhnen Kyros I. und Ariaramnes auf. Dies geht aus mehreren assyrischen Inschriften hervor, die Kyros I. um 640 v. u. Z. als Herrscher von Anshan erwähnen. Kyros' Sohn Kambyses I. akzeptierte später die Oberhoheit der Meder, da seine Herrschaft mit dem Aufstieg der Meder unter Kyaxares zusammenfiel. Während der Herrschaft des Königs Astyages über das Mederreiches heiratete Kambyses dessen Enkelin Mandane. So wurde Kambyses I. aus der vierten Generation der Achämeniden-Dynastie zu Beginn des 6. Jahrhunderts v. u. Z. Herrscher von Anshan und den umliegenden Gebieten. Doch erst sein Sohn Kyros II. sollte als einer der denkwürdigsten Herrscher der Antike in die Geschichte eingehen.

Als Kyros II. 559 v. u. Z. die Nachfolge seines Vaters antrat, hatte das medische Reich bereits viele im Westen liegende Königreiche zerstört und erobert, was die Babylonier beunruhigte. Sie verbündeten sich mit den Medern, obwohl sie der wachsenden Macht ihrer Verbündeten misstrauten. Historiker glauben, dass die Babylonier Kyros ermutigten, sich ihnen anzuschließen, um die Macht der Meder zu untergraben, was um 550 v. u. Z. zum Aufstand des jungen Königs gegen seinen Großvater, den medischen König Astyages, führte. Astyages marschierte mit einer großen Armee nach Anshan, um Kyros zu vernichten, wurde aber schließlich besiegt, obwohl die Geschichte nicht genau weiß, wie (wahrscheinlich, weil ein großer Teil seiner Truppen die Seiten wechselte und zu Kyros überlief). Irgendwie, vielleicht mit Hilfe des medischen Adels, gelang es Kyros, Astyages gefangen zu nehmen und die medische Hauptstadt Ekbatana zu erobern. Durch diesen Sieg gelang es Kyros, das persische und das medische Reich zu vereinen, und er erklärte sich zum „König der Könige und König der Länder". Da Kyros sowohl von der medischen als auch von der persischen Königsdynastie abstammte (er war der Sohn der Tochter des medischen Königs Astyages, Mandane, und des Sohnes des Achämeniden Kambyses I.), gelang es ihm, seine Position als rechtmäßiger Herrscher beider Reiche zu sichern und ein Reich aufzubauen, das seinesgleichen suchte.

Nach etwa einem Jahr marschierte Kyros II. von Persien ein und eroberte die iranischen Völker in Hyrkanien südlich des Kaspischen Meeres und in Parthien im Nordosten des Iran. Dann wandte er seine Aufmerksamkeit dem Westen zu, wo König Krösus von Lydien versuchte, die zentral- und ostanatolischen Provinzen zu erobern, die zuvor unter der Kontrolle des Medischen Reiches gestanden hatten. Kyros besiegte Krösus 547 v. u. Z. und eroberte die lydische Hauptstadt Sardis am Mittelmeer sowie alle anderen Gebiete, die zuvor unter der Herrschaft des lydischen Königs gestanden hatten.

Die zehnjährige Regierungszeit von Kyros zwischen der Eroberung Lydiens und der anschließenden Eroberung Babyloniens ist relativ schlecht erforscht, obwohl Historiker davon ausgehen, dass Kyros entweder die Expansion stoppte oder seine Macht im östlichen Iran konsolidierte. Dank Herodot wissen wir, dass Kyros II. 539 v. u. Z. in Babylonien einfiel, den unbeliebten König Nabonid besiegte und die antike Stadt Babylon belagerte. Kyros ging mit seinen Truppen siegreich aus der Belagerung hervor und eroberte Babylon und alle umliegenden Gebiete. Er erweiterte die Grenzen des Persischen Reiches um Mesopotamien.

Während seiner Herrschaft besiegte Kyros im Alleingang alle großen Fraktionen des antiken Nahen und Mittleren Ostens und legte den Grundstein für ein riesiges und mächtiges persisches Reich. Für seine Taten ging er als Kyros der Große in die Geschichte ein, ein Titel, der ihm nicht nur wegen seiner Eroberungen, sondern auch wegen seiner Weisheit und Regierungsfähigkeit verliehen wurde. Kyros war nicht nur ein großer Krieger und Taktiker, sondern auch ein gütiger und toleranter Herrscher. Er nahm den von ihm eroberten Völkern nie ihre Freiheiten. Als er zum Beispiel Nabonid besiegte und die Kontrolle über die babylonischen Länder übernahm, förderte er die Ausübung verschiedener regionaler Religionen, was die babylonischen Könige lange Zeit verboten hatten.

Über die letzten Lebensjahre von Kyros und die Einzelheiten seiner Herrschaft ist wenig bekannt. Dennoch wird man sich an Kyros den Großen vor allem wegen seiner großen Leistung erinnern, das Perserreich zu einer Regionalmacht im Nahen Osten zu formen.

Persien nach Kyros

Kyros II. wurde 530 v. u. Z. von seinem Sohn Kambyses II. beerbt, nachdem er im Alter von 70 Jahren im Kampf gegen einen Nomadenstamm gefallen war. Kambyses II. regierte im Vergleich zu seinem Vater relativ kurz, nämlich nur acht Jahre. Insgesamt erscheint seine Herrschaft eher geheimnisvoll und umstritten, wobei seine größte Leistung die Eroberung Ägyptens im Jahre 525 v. u. Z. war. Wie bei seinem Vater ist auch bei Kambyses wenig darüber bekannt, wie er das Reich regierte. Die meisten Primärquellen beschreiben seinen Feldzug in Ägypten und seine angebliche Schändung der dortigen Religion. Der junge König starb auf der Rückreise nach Persien, die genaue Todesursache ist unbekannt.

Nach dem Tod von Kambyses II. durchlebte Persien eine Zeit der Instabilität und der Unruhen. Obwohl die Einzelheiten der Ereignisse aufgrund widersprüchlicher Überlieferungen aus dieser Zeit bis heute unbekannt sind, bleibt das Gesamtbild gleich. Als Kambyses seine Reise von Ägypten in die Persis antrat, erhob sein Bruder Smerdis offenbar Anspruch auf den Thron. Nach Herodot und der einzigen anderen verfügbaren Quelle, die die Situation schildert (die Behistun-Inschrift im westlichen Iran), hatte Kambyses seinen wirklichen Bruder jedoch bereits heimlich ermordet. Der Anwärter war ein Betrüger. Dennoch ähnelte er dem Bruder des Königs so sehr, dass selbst Mitglieder der königlichen Familie ihm glaubten. In Wirklichkeit war der Betrüger höchstwahrscheinlich ein Mann namens Gaumata, ein gewiefter Priester der Magier, der die Gunst der Stunde nutzte und 522 v. u. Z. persischer Herrscher wurde. Über die Magier ist wenig bekannt, aber sie waren Priester des Zoroastrismus und anderer vor-awestischen Religionen.

Gaumata sollte nur kurze Zeit auf dem Thron sitzen, da Mitglieder des Königshofes und der persischen Aristokratie schließlich die Wahrheit herausfanden und ihn absetzten. Dareios I. bestieg den Thron. Wie Kyros, dessen Tochter er heiratete, sollte er schließlich als „der Große" bekannt werden. Nach der von Dareios in Auftrag gegebenen Behistun-Inschrift, die die Ereignisse des Sieges über den Usurpator schildert, besiegte Dareios nicht nur Gaumata, sondern machte auch viele Entscheidungen des Prätendenten rückgängig, zerstörte die von ihm erbauten Tempel und stellte die alten Bräuche in den Heiligtümern wieder her. Herodot berichtet, dass Dareios nach seiner Machtergreifung alle Magier brutal unterdrückte und dass seine Taten ständig zu Konflikten zwischen Magiern und Zoroastriern sowie zwischen Persern und Medern führten.

Es wurde auch spekuliert, dass Smerdis oder Bardiya, wie er im Altpersischen genannt wird, der wirkliche Bruder von Kambyses war, und dass Dareios den Thron eigentlich usurpierte, als er ihn absetzte. Jedenfalls wurde Dareios I. Ende 522 v. u. Z. zum König von Persien gekrönt und begann eine lange und erfolgreiche Herrschaft, die die Geschichte des Landes für immer prägen sollte.

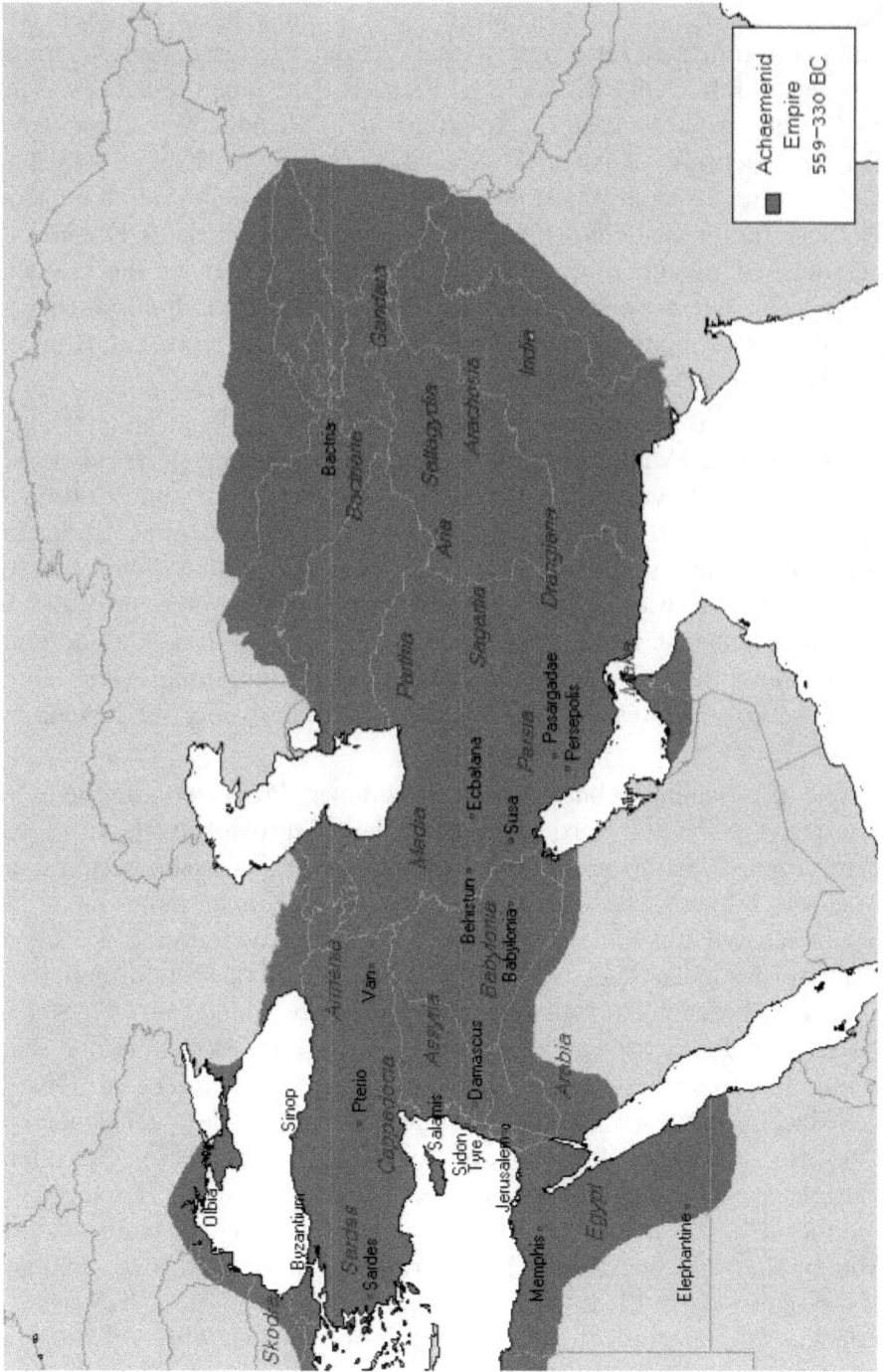

Das Achämenidenreich unter Dareios dem Großen. [8]

Nach seiner Krönung stand Dareios vor einer schwierigen Aufgabe. Kyros dem Großen war es gelungen, die Nachbarvölker zu unterwerfen und den Grundstein für das persische Weltreich zu legen. Dareios musste nun seine Herrschaft über seine zahlreichen Untertanen festigen, was ihm auch hervorragend gelang. Aufgrund der Machtkämpfe brachen in Persien mehrere Aufstände aus, die der neue König schließlich niederschlug. Insgesamt unterdrückte er elf Rebellionen und zwang jeden Herausforderer gnadenlos nieder. Darüber hinaus gelang es Dareios, die persischen Grenzen noch weiter auszudehnen, indem er die libyschen Gebiete an der nordafrikanischen Küste eroberte. Er drang auch nach Europa vor, eroberte Südthrakien und behauptete die persische Kontrolle im Osten bis nach Westindien.

In seiner größten Ausdehnung soll das Persische Reich unter Dareios I. fast fünfzig Millionen Untertanen besessen und sich über drei Kontinente erstreckt haben, von Nordafrika bis zum Indus und vom Kaukasus bis nach Mesopotamien. Dareios I. erhielt seinen Beinamen „der Große" aufgrund seiner hervorragenden Verwaltungspolitik, die die Art und Weise, wie das Reich regiert wurde, völlig veränderte und zur Schaffung eines stärkeren, kohärenteren Systems beitrug, das dezentral genug war, um regionalen Herrschern große Autonomie zu gewähren, aber Dareios den Respekt als den einzig wahren „König der Könige und Länder" einbrachte.

Die persischen Gebiete waren in zwanzig Provinzen unterteilt, die Satrapien genannt wurden. Jede dieser Provinzen hatte lokale Gouverneure, Satrapen genannt, die dem König jährliche Steuern und Abgaben zahlten. Die Satrapen wurden vom König und seinem Hof persönlich ernannt und waren immer adeliger Abstammung. Persis, die Zentralprovinz des Reiches, war von diesem System ausgenommen, da sie unter der direkten Herrschaft von Dareios selbst stand und von Steuern befreit war. Interessant an diesem System ist, dass es technisch gesehen keine Hauptstadt des Reiches gab, d.h. keinen Ort, an dem ein Großteil der Macht zentralisiert war. Der Hauptgrund dafür war wahrscheinlich die Tatsache, dass Dareios ständig auf Reisen war und sein Hof ihm überall hin folgte. Statt einer Hauptstadt gab es vier große Städte: Persepolis als zeremonielles Zentrum, Babylon, Ekbatana, die ehemalige Hauptstadt der Meder und Sommerresidenz des Königs, und Susa, die ehemalige Hauptstadt der Elamiter und Winterresidenz des Königs. In Friedenszeiten verbrachte der König wahrscheinlich die verschiedenen Jahreszeiten in diesen vier Städten. Er war ständig unterwegs und besuchte sie, wobei er sich oft persönlich um die Verwaltungsangelegenheiten der einzelnen Städte kümmerte und bei seinen Untertanen ein stärkeres Gefühl für die Monarchie weckte.

Es genügte nicht, die riesigen Ländereien des Reiches in verschiedene Satrapien aufzuteilen, denn Dareios erkannte, dass effiziente Reisemöglichkeiten von einem Ort zum anderen notwendig waren. So begann er während seiner Herrschaft, das bestehende Straßennetz seines Reiches erheblich zu erweitern und zu verbessern, indem er die berühmte Persische Königsstraße baute, die Sardis mit Susa verband und sich über 2.500 Kilometer erstreckte – eine unglaubliche logistische und infrastrukturelle Meisterleistung der Antike. Ein zusammenhängendes und gut ausgebautes Straßennetz war der Schlüssel zur regionalen Erschließung und ermöglichte kürzere Reisezeiten für Händler, Waren, Boten und Armeen.

Entlang der neuen Straßen errichtete Dareios in regelmäßigen Abständen verschiedene Stationen, an denen die Reisenden rasten und übernachten konnten. Er richtete auch eine Art Postdienst ein. Die königlichen Boten legten weite Strecken zurück und konnten, wenn sie müde wurden, an einer der Stationen entlang der Straßen rasten. Sie konnten ihre Nachricht einem anderen königlichen Boten anvertrauen, der dort ständig stationiert war, so dass beim Informationsaustausch keine Zeit verloren ging. Es versteht sich von selbst, dass dies eine erstaunliche Verbesserung war, deren Aufrechterhaltung viel Aufmerksamkeit und Organisation erforderte.

Dareios bemühte sich auch um die Verbesserung der Schifffahrt und veranlasste den Bau mehrerer neuer Kanäle, wie z.B. den Kanal vom Nildelta zum Roten Meer, dessen Bau Dareios persönlich in Auftrag gab, als er 497 v. u. Z. nach Ägypten reiste.

Ebenso beeindruckend sind seine Wirtschaftsreformen. Nach fast einem Jahrhundert des Bestehens des Persischen Reiches sorgte Dareios dafür, dass im gesamten Reich die gleiche Währung – der Dareon – verwendet wurde, was wesentlich zur Regulierung der persischen Wirtschaft beitrug. Es folgte die Einführung eines einheitlichen Maßsystems. Dabei ging es vor allem darum, Münzen mit ähnlichem Gewicht und ähnlicher Form zu prägen, um ihren Gesamtwert zu bestimmen. Im ganzen Reich wurden sowohl Gold- als auch Silberdarstellungen geprägt. Das neue Straßennetz und die Münzreform belebten den Binnen- und Außenhandel.

Im Laufe der Geschichte ging die Herrschaft wirklich großer Monarchen fast immer mit einer Art kultureller Entwicklung oder Wiedergeburt einher, und Dareios der Große war keine Ausnahme. Die persische Kultur erlebte während seiner Herrschaft eine Blütezeit, was auf die Stabilität, den Wohlstand und den Frieden zurückzuführen ist, die die letzten Jahre von Dareios' Herrschaft kennzeichneten. Im Gegensatz zu seinen Vorgängern legte Dareios großen Wert auf alles Persische und war ein großer Förderer und Unterstützer der Kultur. Es wird angenommen, dass das altpersische Schriftsystem von ihm vollendet wurde, und die Tatsache, dass es viele Berichte über seine Herrschaft gibt, ist ein Beweis dafür.

Entscheidend ist jedoch, dass Dareios der prominenteste persische Monarch war, der erkannte, dass die Perser Teil einer größeren Gruppe von Völkern waren – der Arier (Iraner) – und er bezeichnete sich sowohl als Perser als auch als Arier. Auf seinem Grab, das sich etwa acht Kilometer nordwestlich von Persepolis befindet, steht der berühmte Satz: „Ich bin Dareios, der große König, König der Könige, König der Länder, in denen alle Arten von Menschen leben, König auf dieser großen Erde, weit und breit, Sohn von Hystaspes, ein Achämenide, ein Perser, Sohn eines Persers, ein Arier, von arischer Abstammung."

Diese Wiederbelebung der persischen Kultur ist auch durch den Bau zahlreicher prächtiger Stätten, Tempel und Burgen gekennzeichnet, die alle von Dareios in Auftrag gegeben wurden und von unterschiedlicher Bedeutung waren. In seinem Bestreben, diese architektonischen Wahrzeichen zu errichten, soll Dareios verschiedene Materialien aus unterschiedlichen Teilen seines Reiches verwendet haben – ein Detail, das den hohen Grad an Vernetzung und Handel bestätigt. Für den großen Palast, den er in Susa errichten ließ, verwendete er beispielsweise Lapislazuli, Stein, Gold und Ebenholz, die aus Baktrien, Elam, Lydien und Ägypten importiert wurden. Es ist wahrscheinlich, dass Handwerker und Künstler aus diesen Provinzen nach Susa kamen, um beim Bau des Palastes zu helfen. Unter seiner Herrschaft entstand Persepolis, ein wichtiges Zentrum der persischen Kultur. Die Stadt war von großen Mauern umgeben und beherbergte große Verwaltungs-, Finanz- und Ritualkomplexe. Aufgrund seines Kampfes gegen die Magier gilt Dareios auch als der erste Herrscher, der den Zoroastrismus zu einer quasi-offiziellen Religion des Reiches machte, wenngleich sein Nachfolger Xerxes definitiv dazu beitrug.

Schon früh in seiner Regierungszeit erkannte Dareios die Gefahren, die mit der Herrschaft über ein so großes und vielfältiges Reich verbunden waren. Die verschiedenen Aufstände, mit denen er sich in seinen ersten Regierungsjahren auseinandersetzen musste, zeugen davon. Um möglichen Aufständen und Herausforderungen für seine Herrschaft vorzubeugen, sorgte Dareios daher für eine Verbesserung des Militärs und für die Durchsetzung seiner Legitimität im Reich. Wie aus der Behistun-Inschrift hervorgeht, besiegte Dareios Bardiya mit Hilfe loyaler Perser. Dareios glaubte, sich auf die Perser am meisten verlassen zu können, da sie ihn viele Jahre lang unterstützt hatten. Deshalb stellten die Perser den größten Teil seines Heeres. Dareios schuf die berühmten Unsterblichen, eine Eliteeinheit von zehntausend Mann, die ausschließlich aus persischen Kriegern bestand.

Dareios betonte seine absolute Herrschaft über seine Untertanen und dass er der einzig wahre „König der Könige" sei. Er erinnerte sein Volk an seine königliche Abstammung von Achämenes, dem Gründer Persiens, und betonte, dass er der rechtmäßige Thronfolger sei, vielleicht um die Auffassung zu unterdrücken, er habe die Macht von Bardiya usurpiert. Nach der Behistun-Inschrift behauptete Dareios, er habe ein göttliches Recht zur Herrschaft über Persien, das ihm von Ahura Mazda verliehen worden sei, und er habe seine Macht und militärische Stärke durch den Sieg über den Usurpator Bardiya und durch den Sieg in vielen seiner Schlachten bewiesen.

Die Behistun-Inschrift verrät uns viel darüber, wie Dareios sich im Wesentlichen dadurch als wahrer Herrscher Persiens legitimierte, dass er vier der wichtigsten Eigenschaften in sich vereinte: königliches Blut, die Gunst des einen wahren Gottes, militärisches Geschick sowie Gerechtigkeit und Tugend. Tatsächlich galten diese vier Eigenschaften noch lange nach der Herrschaft von Dareios als unabdingbar für jeden Herrscher im Iran.

Dareios der Große war der hellste Stern des altpersischen Reiches und verwandelte es von einem ausschließlich auf Expansion ausgerichteten Staat in ein stabiles und blühendes Reich. Zum Zeitpunkt seines Todes im Jahr 486 v. u. Z. war es vielleicht das fortschrittlichste und mächtigste Reich.

Der Kampf um Griechenland

Xerxes I. bestieg 486 v. u. Z. nach dem Tod von Dareios I. den Thron und leitete damit eine für Persien sehr einflussreiche Epoche ein. Während der Herrschaft von Xerxes versuchte das Reich, seine Grenzen weiter nach Westen in die griechischen Länder Thrakien und Peloponnes auszudehnen. Als die Perser nach Westanatolien und Südthrakien expandierten, sahen die griechischen Staaten die Möglichkeit, sich dem Reich auf unterschiedliche Weise anzuschließen. Einige erkannten, dass die Zugehörigkeit zu einem größeren Reich wirtschaftliche Vorteile bringen und den Handel und Austausch zwischen Griechenland und dem Osten fördern würde. Andere wiederum waren der Ansicht, dass das Persische Reich, das exponentiell an Macht gewonnen hatte und zweifellos stärker war als das in mehrere rivalisierende Stadtstaaten gespaltene Griechenland, eine eindeutige Bedrohung für alles Griechische darstellte, von der lebendigen Kultur bis hin zur Wirtschaft.

Im Jahre 490 v. u. Z. erklärte Dareios, nachdem er die Skythen besiegt und das südöstliche Thrakien unter seine Kontrolle gebracht hatte, die persische Oberhoheit über alle griechischen Länder. Einige Stadtstaaten, vor allem Athen und Sparta, leisteten Widerstand. Bei Marathon errangen die Griechen einen knappen, aber bedeutenden Sieg über das persische Heer, das sie „bestrafen" sollte, so dass Dareios die Hoffnung auf eine Invasion Griechenlands aufgab. Dareios konnte und wollte keine Zeit für eine erneute Invasion aufwenden und beschloss stattdessen, eine freundlichere Politik gegenüber Griechenland zu verfolgen und sogar viele Griechen aufzunehmen und zu beschäftigen.

Mit dem Regierungsantritt von Xerxes änderte sich die persische Außenpolitik gegenüber Griechenland erneut. Der neue Herrscher betrachtete die Eroberung Griechenlands als ein Projekt, das sein Vater begonnen hatte und das er nun vollenden sollte. Xerxes plante eine Invasion kurz nach seiner Krönung und begann seinen Feldzug 480 v. u. Z., nachdem er eine viel größere Streitmacht aufgestellt hatte, als den griechischen Stadtstaaten zur Verfügung stand. Das persische Heer und die persische Marine marschierten über Thrakien ein und folgten der Ägäisküste. Ohne großen Widerstand drangen sie über Makedonien nach Griechenland ein. Berühmt ist die Schlacht bei den Thermopylen, in der die Perser ein kleines, aber entschlossenes Heer der Spartaner nach dreitägigem Kampf in den engen Gebirgspässen besiegten.

Nach den Thermopylen fiel eine griechische Stadt nach der anderen, darunter auch Athen, das Ende 480 v. u. Z. von den Persern geplündert wurde. Was Griechenland vor der völligen Zerstörung bewahrte, war der entscheidende Seesieg über die persische Flotte bei Salamis. Dank der Bemühungen des athenischen Feldherrn Themistokles lockten die Griechen die Perser in eine Falle und brachten sie in eine vorteilhafte Position. Da seine Flotte schwere Verluste erlitt, verringerten sich Xerxes' Chancen, ganz Griechenland zu erobern, erheblich, und er war gezwungen, sich nach Sardis zurückzuziehen und seine Invasionspläne aufzugeben, v.a. nach dem griechischen Sieg in der Schlacht von Plataä.

Dass es Persien nicht gelang, Griechenland zu unterwerfen, mag auf den ersten Blick befremdlich erscheinen. Welche Auswirkungen dies auf die Entwicklung beider Seiten hatte, ist unter Historikern umstritten. Die meisten sind der Meinung, dass die Niederlage Persiens in den beiden Feldzügen gegen die Griechen den Beginn eines langsamen Niedergangs Persiens markierte, der fast 150 Jahre später zur endgültigen Eroberung durch Alexander den Großen führte. Xerxes hatte viel Geld und Ressourcen in die Offensive gesteckt; dieses Geld und diese Ressourcen hätten für den weiteren Ausbau der Gebiete verwendet werden können, die der persische König bereits kontrollierte. Es scheint sicher, dass der Kampf um Griechenland für Persien nicht nur ein weiterer Grenzkrieg war.

Die Perserkriege waren jedoch, wie einige Historiker betont haben, kein Konflikt zwischen „Westen und Osten". Die Motive für Xerxes' Invasion waren ebenso materialistisch wie symbolisch: Es stimmt, dass er die von seinem Vater begonnene Eroberung beenden wollte, aber es stimmt auch, dass Griechenland eines der reichsten Länder der Antike war. Die Kontrolle über die wohlhabenden griechischen Städte würde der persischen Krone großen Reichtum bringen. Der Krieg ist ein gutes Beispiel dafür, dass ein zahlenmäßiger Vorteil nicht immer ausreicht. Die griechischen Armeen gehörten zu den besten der Welt; sie waren sehr diszipliniert, organisiert und professionell, und das war sicherlich der Hauptgrund für den erfolgreichen Widerstand gegen die Perser, die sich weniger auf Taktik als auf die Überwältigung des Feindes verließen.

Dennoch hatte der erfolglose Feldzug Auswirkungen auf Xerxes und das gesamte Reich. In den folgenden fünfzehn Jahren verzichtete Xerxes auf weitere gewagte Feldzüge und widmete sich stattdessen der Hofpolitik und dem Bau persischer Städte, insbesondere Persepolis. Es wird spekuliert, dass höfische Intrigen der Grund für seinen Untergang waren.

Xerxes wurde 465 v. u. Z. ermordet und von relativ schwachen Königen abgelöst, die nur selten eine Expansionspolitik verfolgten. Die ineffektiven Veränderungen, die in den Jahrzehnten nach der Ermordung von Xerxes von den nachfolgenden Herrschern, beginnend mit Artaxerxes I., durchgeführt wurden, führten zu großer Unzufriedenheit unter den verschiedenen Völkern des Reiches. Die Steuern stiegen und die Korruption nahm rapide zu. Die unzufriedene Bevölkerung erhob sich immer wieder gegen die achämenidischen Herrscher, und der König ging rücksichtslos gegen die Aufständischen vor.

Als Artaxerxes III. 359 v. u. Z. König wurde, war die Situation außer Kontrolle geraten. Ständige Aufstände hatten zum Verlust Ägyptens geführt, und der Hof war in Intrigen und Machenschaften verstrickt. Rivalisierende Fraktionen mit unterschiedlicher Legitimität beanspruchten den persischen Thron, was den neuen König dazu veranlasste, Dutzende seiner Verwandten zu ermorden, um sich als wahrer Herrscher zu behaupten. Am Ende seiner Herrschaft war König Philipp II. von Makedonien zu einer Großmacht aufgestiegen. Er besiegte die griechischen Stadtstaaten, darunter Persiens langjährige Rivalen Athen und Sparta. Die Perser versuchten, Philipps Aufstieg zur Macht und die Vereinigung Griechenlands zu verhindern, doch anstatt militärisch einzugreifen, agierten sie hinter den Kulissen und versuchten auf verschiedene Weise, ihren Einfluss auf die verfeindeten Fraktionen geltend zu machen, z.B. durch Bestechung und Erpressung.

Artaxerxes starb ein Jahr nach der Vereinigung Griechenlands unter Philipp im Jahre 337 v. u. Z., wahrscheinlich vergiftet von seinem Arzt. Der Thron ging an Dareios III, den Großneffen des Artaxerxes. Dareios wurde nur König, weil sein Urgroßvater so viele seiner Verwandten getötet hatte. Dareios III. sollte es mit dem größten Herausforderer des Perserreiches zu tun bekommen. Sein Name war Alexander der Große, der Sohn Philipps II.

Wie es Alexander gelang, den Achämeniden ein Ende zu bereiten, ist eine lange und faszinierende Geschichte. Eine gründliche Darstellung dieses Ereignisses erfordert ein tiefes Eintauchen in komplizierte Details, um die Standpunkte beider Seiten darzustellen; sie verdient ein eigenes Buch. Da wir viel Geschichte zu behandeln haben, folgt hier die Kurzfassung. Alexander der Große marschierte auf die persischen Stellungen zu und besiegte sie in drei großen Schlachten in Anatolien: Granikos (334), Issos (333) und Gaugamela (331). Es gelang ihm, die Perser von der Halbinsel und aus Mesopotamien zu vertreiben.

Alexander der Große eroberte Ägypten, Babylon, Anatolien und Armenien mit relativer Leichtigkeit dank der Überlegenheit seiner Phalanx und seiner Hopliten. Als er das iranische Hochland erreichte, hatte er den größten Teil des persischen Heeres geschlagen. Dareios III. musste nach Osten fliehen, wurde aber schließlich von seinen eigenen Satrapen verraten, die den persischen Königen seit langem feindlich gesinnt waren. In den folgenden Jahren eroberte Alexander der Große alle wichtigen Provinzzentren und setzte damit dem Perserreich ein Ende. Er eroberte alle Länder des Reiches und leitete eine Phase der Hellenisierung im Iran und im übrigen Vorderen Orient ein.

Kapitel Vier – Eine neue Ära

Der hellenistische Iran

Als Alexander der Große 323 v. u. Z. starb, hatte er das größte Reich der Antike geschaffen, indem er alle Gebiete, die zuvor unter der Herrschaft der Achämeniden gestanden hatten, unter seine Kontrolle gebracht hatte. Sein Reich erstreckte sich von Makedonien bis an die nordwestliche Grenze Indiens. Das war eine gewaltige Leistung. Er war der mächtigste Mensch der Welt. Sie hatte auch großen Einfluss auf die griechische Kultur, die Alexander in den von ihm eroberten Ländern verbreitete. Die Zeit, die etwa vierhundert Jahre nach seinem Tod begann, war ein goldenes Zeitalter für die griechische Kultur, die das Leben in verschiedenen Gebieten beherrschte. Diese Epoche wurde als Hellenismus bezeichnet, wobei das altgriechische Wort Hellas für Griechenland verwendet wurde. Der Hellenismus prägte die Zukunft der Länder, die er erreichte, und hatte großen Einfluss auf die sozialen und politischen Prozesse, die in dieser Zeit stattfanden.

Zur Geschichte des hellenistischen Iran ist zu sagen, dass der Iran bzw. Persien nach der Eroberung durch Alexander lange Zeit nicht als eigenständiger Staat existierte. Zwei Jahre nach seinem unerwarteten Tod im Jahr 321 v. u. Z. trafen sich einige seiner Generäle in Triparadeisos, dem heutigen Libanon, um über seine Nachfolge zu beraten. Die Gebiete wurden in verschiedene Satrapien aufgeteilt, die sich von Griechenland bis nach Persien erstreckten und von einzelnen Kommandeuren verwaltet wurden. Als Erben wurden Alexanders Halbbruder Philipp Arrhidaios und dessen Sohn Alexander IV. eingesetzt. In den folgenden Jahrhunderten agierten die Herrscher der Satrapien jedoch weitgehend unabhängig und unterstanden nicht dem „König" in Makedonien (der Heimat Alexanders).

Diesen Satrapien und ihren Herrschern war gemeinsam, dass sie griechischen Ursprungs waren. Im Laufe der Zeit hellenisierten sie nach und nach die traditionell nichtgriechischen Länder. Dies führte zu einem der erstaunlichsten kulturellen Phänomene der Antike, als die griechische Kultur mit den vielen orientalischen Kulturen verschmolz. Nicht nur wurde die griechische Sprache, wenn auch oft in abgewandelter Form, zur am weitesten verbreiteten Sprache im Osten, sozusagen zur ersten „Verkehrssprache", sondern auch die griechischen Götter wurden in allen Satrapien verehrt. Elemente der lokalen Religionen wurden mit der griechischen Religion kombiniert, was zu vielen einzigartigen Details im Leben der einfachen Menschen führte. Aus diesem Grund unterscheidet sich das Wort „hellenistisch" von „hellenisch", wobei Letzteres „griechisch" bedeutet, während Ersteres sich auf die Mischung griechischer und orientalischer Kulturen bezieht.

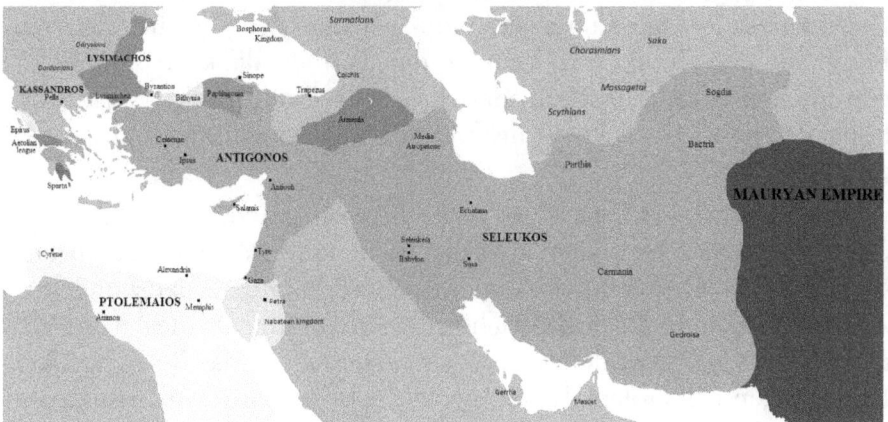

Die hellenistischen Nachfolgekönigreiche. '

Die verschiedenen hellenistischen Satrapien entwickelten sich unterschiedlich, wobei einige mehr Macht erlangten als andere und sich im Wesentlichen zu eigenständigen Königreichen mit eigenen erblichen Dynastien entwickelten. Einige von ihnen sind von besonderer Bedeutung. Da war das Ptolemäische Königreich, das die Länder Ägyptens und die nordafrikanische Küste umfasste. Es wurde von General Ptolemaios gegründet und entwickelte sich zu einem mächtigen Königreich, das bis 30 v. u. Z. bestand, bevor es von Rom erobert wurde. Das Königreich Pergamon wurde von der Attaliden-Dynastie regiert, die 150 Jahre lang die Länder Westanatoliens kontrollierte. Das Königreich

Baktrien lag an der östlichen Grenze der hellenistischen Welt und umfasste Gebiete in Zentralasien, Westindien und Ostpersien. Es war bekannt als das „Land der tausend goldenen Städte". Dann gab es das Seleukidenreich, ein Staat, der von seinem Gründer und ersten Satrapen, Seleukos I. von Babylonien, auf fast alle ehemaligen Gebiete der Achämeniden-Dynastie ausgedehnt worden war. Das Seleukidenreich war die größte überlebende Satrapie des Reiches Alexanders des Großen und erreichte seinen Höhepunkt in der Mitte des 3. Jahrhunderts v. u. Z. Es umfasste fast den gesamten alten Iran, Mesopotamien, Ostanatolien und die Levante.

Parthien

Im Jahre 238 v. u. Z. war der Iran noch im Besitz des hellenistischen Seleukidenreiches, als sich eine Konföderation von Stämmen, die südöstlich des Kaspischen Meeres lebten, zusammenschloss und rebellierte. Diese Stämme waren wahrscheinlich skythischen Ursprungs. Diese Stämme, die von ihrem König Arsakes geeint wurden, waren als Parther bekannt. Sie kamen etwa zur gleichen Zeit wie die Meder und Perser in den Iran. Wir kennen die Parther dank der zahlreichen griechischen und römischen Berichte über ihren Aufstieg zur Macht, bisher wurden jedoch keine historischen Dokumente der Parther selbst gefunden.

Jedenfalls ist bekannt, dass die Parther nach der Vereinigung der primitiveren Stämme unter Arsakes nach und nach die angrenzenden seleukidischen Gebiete übernahmen und sich bis zum 2. Jahrhundert v. u. Z. als bedeutende Regionalmacht etablierten. Ihr Aufstieg wurde auch durch den Niedergang der Seleukiden begünstigt, da das Reich in ständige Kriege gegen das ptolemäische Ägypten und Rom im Westen und gegen die Inder im Osten verwickelt war. Im Jahr 155 v. u. Z. beschloss Mithridates I. von Parthien schließlich, nach Westen zu expandieren. Sein langer Feldzug führte schließlich 141 v. u. Z. zur Eroberung der Stadt Seleukia in Mesopotamien.

In den folgenden Jahrzehnten festigten die Parther ihre Herrschaft über die iranischen Gebiete und wurden zu Rivalen des expandierenden Roms, was sich 53 v. u. Z. zeigte, als sie die Römer mit weniger Männern in der Schlacht von Carrhae in Südostanatolien besiegten. Dank ihrer nomadischen Herkunft aus den Ebenen Zentralasiens waren die Parther Meister der Reiterkriegführung und zeichneten sich in offenen Schlachten dadurch aus, dass sie sowohl leichte berittene Bogenschützen als auch schwere Kataphrakt-Reiter (gepanzerte Reiter) einsetzten, um die langsame und schwere römische Infanterie zu überlisten und zu zerschlagen.

In dieser Zeit erreichte das Partherreich seine größte Ausdehnung und umfasste im Wesentlichen alle ehemaligen seleukidischen und achämenidischen Gebiete, darunter Baktrien, Persien, Mesopotamien, den Südkaukasus und Teile Ostanatoliens. In den folgenden zwei Jahrhunderten stellten die Parther die größte Bedrohung für die Römer dar, die ihrerseits ihre Besitztümer beträchtlich ausweiteten und im Wesentlichen den westlichen Teil des Alexanderreiches eroberten.

Die Kultur der Parther, die noch tief in ihren zentralasiatischen Stammeswurzeln verwurzelt war, ist besonders interessant, wenn man ihre Beziehung zum Hellenismus betrachtet, da sie Elemente von beiden enthält. Im Gegensatz zu anderen Völkern besaßen die Parther keine eigene Sprache und Schrift. Sie benutzten Griechisch zur Kommunikation und für die Inschriften auf ihren Münzen. Die Religion der Parther war wahrscheinlich hauptsächlich der Zoroastrismus, was jedoch nicht bedeutet, dass die Parther anderen Religionen innerhalb ihrer Grenzen gegenüber intolerant waren, insbesondere wenn man sie mit den Römern vergleicht, die für die Verfolgung religiöser Minderheiten berüchtigt waren.

Der Aufstieg der Sassaniden

Den Höhepunkt seiner Macht erreichte das Partherreich in den Auseinandersetzungen mit Rom, die bis 218 u. Z. andauerten, als beide Seiten einen Friedensvertrag schlossen. Obwohl die Römer im Kampf gegen die Parther nie wirklich erfolgreich waren, verschlechterte sich die Lage für die Parther im Inneren allmählich. Um die Wende zum 3. Jahrhundert u. Z. hatte die parthische Herrscherdynastie der Arsakiden mehrere Jahrzehnte unglücklicher Ereignisse hinter sich, darunter mehrere Pestepidemien in den östlichen Regionen des Reiches und die Erschöpfung der natürlichen Ressourcen, vor allem der Metalle, durch deren ständige Verwendung in den Kriegen. Außerdem war die politische Struktur des Partherreiches nicht mehr so stark und fortschrittlich wie beispielsweise in Rom. Jahrhundertelang waren die parthischen Könige auf die Expansion nach Westen angewiesen, um ihre Schatzkammern zu füllen und ihre Herrschaft gegenüber ihren Untertanen zu behaupten.

So gipfelten die inneren Kämpfe im Jahre 205, als sich die aufgebrachte Bevölkerung der Region Persis gegen den König auflehnte. Auch nach der Vernichtung der Achämeniden durch Alexander und der anschließenden Besetzung persischer Gebiete durch die Seleukiden und Parther blieb die Persis eine der autonomsten Regionen. Andererseits war die politische Struktur, die sich nach Alexanders Tod über die hellenistischen Länder erstreckte, an den meisten Orten nicht wirklich kohärent, so dass diese Tatsache keine große Überraschung sein sollte. Vor dem Aufstand wurde beispielsweise in der Persis noch weitgehend Altpersisch (Pahlavi) gesprochen, während die übrigen altpersischen Provinzen zum hellenistischen Griechisch übergegangen waren.

Der Aufstand, der im Jahre 205 begann, war der Anfang vom Ende der Parther. Ein lokaler Garnisonskommandant namens Ardaschir führte die Rebellen gegen die Nachbarländer der Persis und besiegte die Fürsten, die die parthische Oberhoheit noch akzeptierten. Ardaschir gelang es, seine Position deutlich zu festigen. Parthien war immer noch instabil, als König Artabanos V. den Thron bestieg. Irgendwann schickte er die Hauptstreitmacht der Parther in den Krieg gegen die Römer im Westen. Der König musste seinen Feldzug unterbrechen, um zu versuchen, die Rebellen niederzuschlagen, aber es war zu spät.

Im Jahre 224 besiegten Ardaschir und seine Anhänger Artabanos V. Zwei Jahre später eroberten sie die Hauptstadt Ktesiphon am Tigris. Nachdem er die meisten parthischen Fürsten des Reiches besiegt hatte, wurde Ardaschir zum neuen König der Könige gekrönt, was den Beginn eines neuen persischen Reiches unter einer anderen Dynastie markierte. Zu diesem Zeitpunkt war es mehr als 500 Jahre her, dass Alexander der Große die Achämeniden vernichtet hatte.

Ardaschir begründete die Sassaniden-Dynastie, die in den nächsten vier Jahrhunderten über den Iran herrschen sollte. Der Name „Sassaniden" leitet sich von einem Mann namens Sasan ab, der entweder Ardaschirs Vater oder Großvater war und wahrscheinlich in irgendeiner Weise mit früheren Herrschern des Iran verwandt war, entweder direkt durch Blutsverwandtschaft oder um ein Gefühl der Legitimität zu schaffen. Jedenfalls behaupteten die Sassaniden oft, von der legendären Dynastie der Kayanier abzustammen, die in zoroastrischen Texten erwähnt wird. Auch wenn keine klare Linie zwischen ihnen und den Sassaniden gezogen werden kann, muss die Erzählung vom neuen König der Könige, der aus derselben Provinz stammte wie die Achämeniden, dem Volk attraktiv erschienen sein.

Ardaschir wurde 240 von Schapur I. abgelöst, der auf den Eroberungen seines Vaters aufbaute und das Sassanidenreich weiter ausdehnte. Während seiner gesamten Regierungszeit kämpfte Schapur I.

in Anatolien und der Levante gegen Rom. Nachdem er aus Antiochia vertrieben und drei Jahre später zu einem Friedensvertrag gezwungen worden war, erneuerte Schapur 258 den Kampf mit Rom um Syrien, ging diesmal als Sieger hervor und konnte sogar große Teile der römischen Armee, darunter Kaiser Valerian, gefangen nehmen. Noch hunderte Jahre lang kämpften Sassaniden und Römer um die umstrittenen Provinzen.

Im weiteren Sinne kann der Konflikt zwischen Rom und dem sassanidischen Iran als ein Zusammenprall der Kulturen interpretiert werden, insbesondere wenn es um Orte wie Armenien geht, eine wichtige Region, in der beide Seiten ihre eigenen Interessen hatten. Die Aufzeichnungen zeigen, dass während der Herrschaft Schapurs der Zoroastrismus die „offizielle" Religion der Sassaniden war und die Perser ihre eroberten Untertanen zur Konversion zwangen. In Armenien war es nicht anders. Es wurde in den 250er Jahren von Schapur erobert, der Sassanidenkönig setzte seinen Sohn als Provinzherrscher ein und zwang die Bevölkerung zur Konversion. Die Armenier leisteten Widerstand und konnten mit Hilfe der Römer zwanzig Jahre später die einfallenden Perser aus ihrem Land vertreiben und die alte parthische Dynastie der Arsakiden wieder an die Macht bringen. Armenien nahm das Christentum als offizielle Religion an, was die Sassaniden, die Armenien als ihre Einflusssphäre betrachteten, noch mehr verärgerte. Schließlich teilten Rom und Persien Armenien in zwei Teile, wobei der östliche Teil unter zoroastrische sassanidische Vasallen gestellt wurde, während der westliche Teil unter das Protektorat Roms (damals das Byzantinische Reich) fiel.

Der sassanidische Iran war nicht nur eine sehr fähige Militärmacht, sondern ist auch wegen der Entwicklung seiner Gesellschaftsstruktur von besonderer historischer Bedeutung. Diese war viel fortschrittlicher und kohärenter als die der vorhergehenden iranischen Reiche. Der Brief von Tansar ist die Hauptquelle, auf die sich Historiker stützen, wenn sie das sozio-politische Leben der Sassaniden untersuchen. Der Brief soll von einem zoroastrischen Priester im 3. Jahrhundert während der Herrschaft von Ardaschir verfasst und einige Jahrhunderte später unter König Chosrau I. Anuschirwan überarbeitet worden sein. Der Brief gilt als Propaganda, da er König Ardaschir als edlen und ehrlichen Mann darstellt, der die wahre zoroastrische Religion wiederherstellte, die während der Partherzeit in Verruf geraten war. Er könnte als eine Art Rechtfertigung für Ardaschirs Rebellion gegen Parthien und für die „offizielle" Proklamation des Zoroastrismus als einzig wahre Religion des sassanidischen Staates gedient haben.

Neben der Darstellung der Bedeutung des Zoroastrismus teilt der Brief von Tansar die Gesellschaft in vier Klassen ein, an deren Spitze die Priester stehen, gefolgt von den Kriegern, den Gelehrten und den Handwerkern. Diese hierarchische Gliederung war ein wesentliches Element des sassanidischen Iran. Sie war zwar nicht so streng wie das indische Kastensystem, wurde aber dennoch hoch geachtet und ermöglichte eine begrenzte soziale Mobilität. Der Herrscher hatte nicht nur dafür zu sorgen, dass jede Klasse in ihrem Bereich prosperierte und stabil blieb, sondern auch dafür, dass die höheren Klassen ihre Privilegien nicht ungerechtfertigt zur Unterdrückung der in der Hierarchie unter ihnen Stehenden nutzten. Dieses Detail unterstreicht die Tatsache, dass eine der wichtigsten Eigenschaften der alten iranischen Könige der Sinn für Ehre und Gerechtigkeit war und dass die Stärke der Monarchie direkt zur Stärke ihres Volkes führte.

Die Bedeutung und der Status der iranischen Könige spiegeln sich in ihren prunkvollen und oft übertriebenen Titeln wider. So lautete der vollständige Titel Schapurs I. „Der Verehrer Mazdas, des Gottes Schapur, König der Könige Irans und des Nicht-Iran, aus dem Geschlecht der Götter, Sohn des Verehrers Mazdas, des Gottes Ardaschir, König der Könige der Iraner, aus dem Geschlecht der Götter, Enkel des Papak, König des Reiches Iran". Es ist offensichtlich, dass die iranischen Könige großen Wert auf ihre edle Abstammung und ihren göttlichen Status legten, der ihnen von Ahura Mazda verliehen wurde. Obwohl dieses Phänomen nicht nur in der iranischen Kultur zu finden ist, da die Vorstellung, dass ein Gott einem Herrscher das Recht zu herrschen verleiht, in der ganzen Welt verbreitet ist, gingen die Sassanidenkönige vielleicht noch einen Schritt weiter. Sie glaubten, dass der König über eine besondere, sichtbare göttliche Aura verfügte, die *Farr* genannt wurde.

Die sassanidische Epoche markiert eine Periode der Entwicklung in allen Aspekten des Lebens im Iran, da die Könige sich immer mehr in die täglichen Angelegenheiten des Reiches einmischten, vielleicht mit dem Ziel, ein Gefühl der Nähe zur Bevölkerung zu schaffen, was zu mehr Unterstützung und Loyalität seitens der Untertanen führen würde. Die ersten sassanidischen Monarchen gründeten neue Städte und erweiterten die Bewässerungssysteme, um die Landwirtschaft im gesamten Reich zu fördern, wobei sie auf der fortschrittlichen Infrastruktur aufbauten, die Dareios der Große geschaffen hatte. Diese Maßnahmen förderten das städtische Leben im Iran und kurbelten die Wirtschaft an, indem sie den regionalen Handel förderten. Die Aneignung von mehr unbebautem

Land im Reich wirkte sich positiv auf die Einnahmen der sassanidischen Königsfamilie aus und trug zu einer stärkeren Zentralisierung der Macht bei.

Der Zoroastrismus war als eine der Grundlagen der sassanidischen Herrschaft fest verankert. In der Zeit der Hellenisierung nach der Eroberung Persiens durch Alexander den Großen wurden viele zoroastrische Heiligtümer und Tempel zerstört oder durch regionale Kulte ersetzt, die Elemente verschiedener Kulturen enthielten. Nach der Errichtung der sassanidischen Monarchie wurde dies rückgängig gemacht. Obwohl das Reich ethnisch vielfältig blieb, drängten die sassanidischen Herrscher auf eine stärkere Zentralisierung von Macht und Ressourcen, und sie glaubten, dass die Ausübung einer einzigen Religion im Reich dafür von entscheidender Bedeutung sei. So wurden die Kulte, die während des Partherreiches entstanden waren, im 5. oder 6. Jahrhundert fast vollständig ersetzt.

Schon bald nach seiner Gründung entwickelte der sassanidische Staat eine hierarchische Struktur der zoroastrischen Priester, wobei der König für die Ernennung des Oberpriesters an der Spitze zuständig war. Tansar, der Verfasser des oben erwähnten Briefes, soll der erste Oberpriester unter Ardaschir gewesen sein. In seinen Schriften spricht er von einer besonderen Beziehung zwischen Staat und Religion und behauptet, dass die Einheit von „Kirche und Staat ... aus einem Schoß geboren, miteinander verbunden und niemals zu trennen" sei.

Eine der wichtigsten Errungenschaften des Zoroastrismus war die Sammlung alter religiöser Texte und Hymnen, die über Jahrhunderte hinweg mündlich überliefert worden waren. Verschiedene sassanidische Herrscher stellten die zoroastrische Awesta zusammen und überwachten ihre Aufzeichnung in verschiedenen Schriften, um sowohl die alten iranischen Dialekte zu berücksichtigen, in denen die Texte historisch gesprochen wurden, als auch um sie den Sprechern der gemeinsamen Pahlavi-Sprache (Mittelpersisch) zugänglich zu machen. Diese Politik förderte das religiöse Lernen und drängte auch auf die Einführung einer offiziellen gesprochenen Sprache im gesamten Reich, was die Herrschaft der Sassaniden weiter zentralisierte. Auch die nicht-religiöse Gelehrsamkeit wurde in dieser Zeit gefördert, was zur Entstehung eines der ersten nationalen Geschichtsepen, des *Khwaday-Namag* (Buch der Herrscher), führte, das vom Königshof und der zoroastrischen Priesterschaft in Auftrag gegeben und überwacht wurde.

Auch das iranische Rechtssystem erfuhr während der Sassanidenzeit Verbesserungen. Das System legte großen Wert auf Gerechtigkeit, insbesondere auf den König als Förderer und Garanten der Gerechtigkeit in der Gesellschaft. Alle Untertanen des Reiches waren unabhängig von ihrem sozialen Status an das Gesetz gebunden. Unter der Aufsicht des Königs wurden im ganzen Reich Gerichte eingerichtet, und die Rechtspraxis basierte hauptsächlich auf zoroastrischen Prinzipien. Verschiedene Prozesse wurden aufgezeichnet und als Beispiele für zukünftige Fälle ähnlicher Verbrechen herangezogen. All diese Praktiken wurden schließlich im frühen 7. Jahrhundert im *Buch der tausend Urteile* zusammengefasst, das im Wesentlichen als Rechtskodex des Reiches diente.

Schließlich unterstreicht der Brief von Tansar die Bemühungen König Ardaschirs, Grenzen zwischen der sassanidischen Aristokratie und dem einfachen Volk zu ziehen. Es scheint, dass die Unterschiede zwischen den beiden Klassen einen großen Teil der sassanidischen Gesellschaft ausmachten. Der Adel war nicht nur viel mächtiger, sondern zeigte seinen Status auch in allen Bereichen, von der Kleidung bis zum Besitz. Er verkehrte selten mit Angehörigen der unteren Schichten, und Eheschließungen zwischen ihnen waren verboten. Tatsächlich aber vermehrte der Adel seinen Reichtum, seine Macht und seinen Einfluss immer mehr, was für die sassanidische Königsfamilie bald zu einem Problem wurde.

Chosrau I.

Gegen Ende des 5. Jahrhunderts sahen sich die Sassaniden mit einer Reihe von Herausforderungen konfrontiert, wie sie für jedes Großreich, unabhängig von seiner Größe und Macht, unvermeidlich sind. Zuvor war das Reich vor allem in Kämpfe mit den Römern um die angrenzenden Gebiete verwickelt gewesen, nachdem es im Osten bereits ein einigermaßen gefestigtes Zentrum errichtet hatte. Der Südkaukasus und Großarmenien waren die Hauptstreitpunkte zwischen beiden Seiten, doch unter König Kavad I. sahen sich die Sassaniden mit einem großen soziokulturellen Problem im eigenen Land konfrontiert. Seit Jahrzehnten hatten die Angehörigen der unteren sozialen Schichten, die nicht dem Adel oder der Aristokratie angehörten, mit sich verschlechternden Lebensbedingungen zu kämpfen. Es ist nicht verwunderlich, dass sie mit ihrer sozialen Stellung unzufrieden waren.

Sie fanden ihren Vorkämpfer in Mazdak, einem zoroastrischen Priester, der schnell viele Anhänger gewann und die treibende Kraft hinter den Reformen in der iranischen Gesellschaft war. Mazdak und seine Anhänger forderten eine Verbesserung der Lebensbedingungen der Bevölkerungsmehrheit und protestierten gegen Ungleichheit und Ausbeutung durch die Aristokratie. Sie waren der Meinung, dass der rücksichtslose, ungleiche Wettbewerb die Ursache für das Übel in der Welt sei, und wollten zumindest die Kluft zwischen den beiden Extremen der sassanidischen Gesellschaft verringern. Mazdak schlug vor, das Land, das die Haupteinnahmequelle des Adels darstellte, aufzuteilen und umzuverteilen, um mehr Menschen zu Landbesitz und Reichtum zu verhelfen. Darüber hinaus setzte er sich für eine Stärkung der Rolle der Frau in der iranischen Gesellschaft ein, was zu dieser Zeit ungewöhnlich war.

Interessanterweise gefielen König Kavad I., der nicht annähernd so viel Geschick für die Regierungsführung hatte wie einige seiner Vorgänger, Mazdaks Vorschläge zunächst, zumindest in der Theorie. Er wollte die Unterstützung der Bauern gewinnen und die Macht der Aristokraten beschneiden. Die Berichte aus dieser Zeit deuten jedoch darauf hin, dass Kavad von der zoroastrischen Geistlichkeit und dem Adel überwältigt wurde. In dem daraus resultierenden politischen Chaos verlor er seine Macht.

Im Kampf um die Nachfolge unterstützten Priester und Aristokraten die Einsetzung eines der Söhne Kavads, Chosrau I., als neuen König. Vermutlich beeinflussten sie ihn zu einer antimazedonischen Haltung. Nach seiner Thronbesteigung ermordete Chosrau I. Mitglieder der königlichen Familie und ließ Mazdak 528 in die Hauptstadt Ktesiphon kommen. Mazdak glaubte wahrscheinlich, der König wolle mit ihm über seine unterschiedlichen Ansichten bezüglich der sozialen Struktur des Reiches sprechen, doch Mazdak wurde gefangen genommen und hingerichtet. In den Monaten nach Mazdaks Hinrichtung wurden seine Anhänger von Chosraus Regime brutal unterdrückt. Chosrau wurde zu einem der standhaftesten Verteidiger des traditionellen Zoroastrismus und erlangte für seine Taten große Anerkennung beim sassanidischen Adel und der zoroastrischen Geistlichkeit.

Unter Chosrau I. sollte die sassanidische Monarchie weiter gefestigt werden, was der König nach einer Zeit der Instabilität im Reich für unbedingt notwendig hielt. Er beschloss, das Verwaltungssystem des Reiches zu verbessern und führte ein neues Steuersystem ein, das auf

Landbesitz basierte und das der König nach monatelangen Landvermessungen und Volkszählungen einführte. Damit wurde die Macht der größten Adelsfamilien des Reiches eingeschränkt und eine neue Einnahmequelle für die königliche Schatzkammer geschaffen. Die Mitglieder der Dehqan (Klasse der Landbesitzer) profitierten stark von Chosraus Reformen, entwickelten sich zu einer starken Mittelschicht und wurden zu einem wichtigen Teil der Wirtschaft. Sie stellten auch einen großen Teil der sassanidischen Armee und wurden zu einer der bevorzugten sozialen Gruppen des Königs. Chosrau I. investierte auch viel in die Modernisierung der sassanidischen Infrastruktur und finanzierte die Reparatur vieler alter Straßen, die die großen Städte miteinander verbanden.

Chosrau I. ging in die Geschichte ein, weil er den Krieg gegen die Byzantiner wiederaufnahm, die sich in gewisser Weise von ihrer eigenen instabilen Periode erholt hatten und unter Kaiser Justinian wieder zu einem starken regionalen Akteur geworden waren. Etwa 22 Jahre nach Beginn der sassanidischen Invasion im Jahr 540 gelang es den Truppen Chosraus, in byzantinisches Gebiet einzudringen und Antiochia sowie einige nordöstliche Provinzen Anatoliens unter ihre Kontrolle zu bringen wodurch der sassanidische Monarch Zugang zum Schwarzen Meer erhielt.

Im Jahr 562 schlossen beide Seiten einen Friedensvertrag. Nach diesem Erfolg feierte Chosrau weitere militärische Triumphe und besiegte einige der Fraktionen, die das Sassanidenreich umzingelten. Im Osten vertrieb er mit Hilfe der Türken die Weißen Hunnen. Im Kaukasus besiegte er die Chasaren, die als strategische Verbündete der Byzantiner den Sassaniden in dieser Region ein Dorn im Auge waren. Nicht zuletzt verteidigte er erfolgreich die Arabische Halbinsel gegen einen Angriff der abessinischen Äthiopier und konnte den Jemen als sassanidisches Protektorat etablieren. Als der Krieg mit dem Byzantinischen Reich in den 570er Jahren wieder aufflammte, waren die Sassaniden eindeutig in der besseren Position, auch wenn der mangelnde Einsatz beider Seiten zu keinem eindeutigen Ergebnis führte.

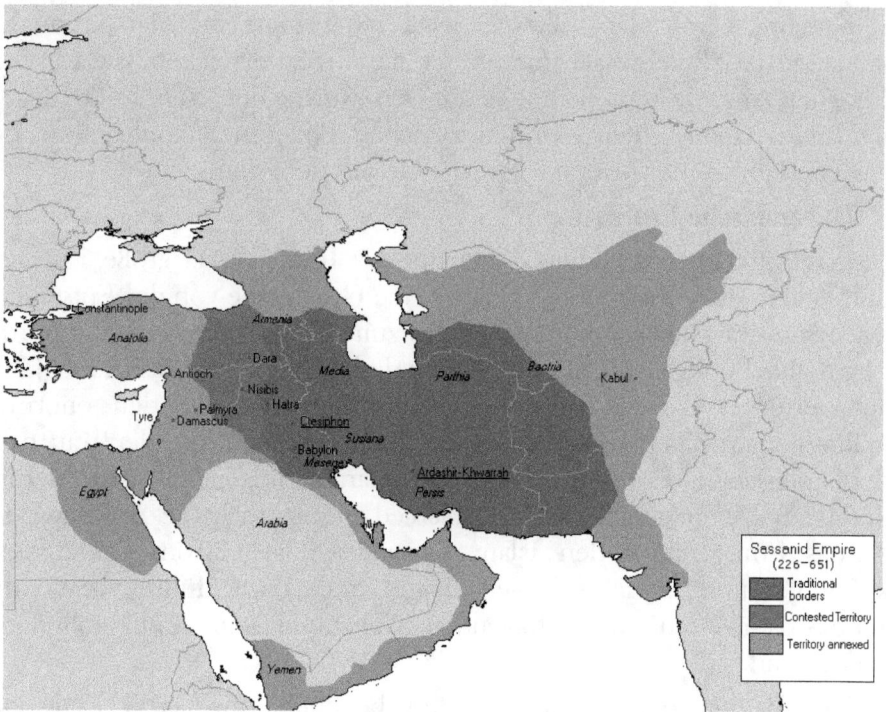

Das Persien der Sassaniden in seiner größten Ausdehnung.[5]

Wegen seiner Verdienste um das Reich wurde Chosrau I. *Anuschirwan* genannt, was so viel bedeutet wie „von unsterblicher Seele". Er war ein Herrscher, der nur einmal in einer Generation den Thron bestieg. Seine Politik berührte fast jeden Aspekt des sassanidischen Lebens, und seine Herrschaft war ein Symbol für den Wohlstand und die Dominanz des Reiches.

Doch wie die Geschichte wiederholt gezeigt hat, stürzte das Sassanidenreich fast unmittelbar nach Chosraus Tod erneut in eine Periode des Chaos, und die Zukunft des Reiches war in Gefahr. Diesmal tauchten die Aufständischen im Nordosten des Iran auf und bestanden hauptsächlich aus dem parthischen Adel, der mit den Reformen Chosraus, die seine Macht geschwächt hatten, unzufrieden war. Die nachfolgenden sassanidischen Herrscher befanden sich in einem ständigen Kampf mit dem parthischen Adel, bis König Chosrau II. Parwis den Aufstand im Jahr 602 endgültig niederschlug. Diesem Sieg konnte der Sassanidenherrscher weitere Gebietseroberungen in der Levante folgen lassen und erreichte 619 sogar Ägypten. Seine Herrschaft fand schließlich ein grausames Ende, als er 628 von rivalisierenden Kräften im eigenen Land abgesetzt wurde.

Kurzum, Chosrau I. sollte der letzte große Herrscher der Sassaniden sein, und das Reich sollte nie wieder die Größe erreichen, die es unter Chosrau Anuschirwan hatte. Stattdessen wurde der Iran Ende des 7. Jahrhunderts mit einem sozio-historischen Phänomen konfrontiert, das das Land für immer prägen sollte: die Geburt des Islams.

Die arabische Eroberung

Insgesamt lässt sich die Geschichte des Iran in zwei große Epochen unterteilen: die vorislamische Periode, die Geschichte von der Entstehung der ersten iranischen Zivilisationen bis zum Fall der Sassaniden, und die islamische Periode, die im 7. Jahrhundert begann und fast 1500 Jahre andauerte. Der Grund für diese Trennung liegt in den enormen kulturellen, sozialen und politischen Veränderungen, die der Iran nach der arabischen Eroberung und der darauf folgenden Islamisierung durchlief. Der augenfälligste Unterschied ist natürlich die Ablösung des Zoroastrismus durch den Islam als neue Staatsreligion, was massive kulturelle und soziale Folgen hatte und dazu führte, dass der Zoroastrismus in den folgenden Jahrhunderten fast vollständig verschwand.

Der Beginn der islamischen Ära bedeutete auch das Ende der Sassaniden, einer der einflussreichsten Dynastien, die das Land je gesehen hatte. Kurzum: Soziale und politische Umwälzungen dieser Größenordnung sind in der Welt selten, doch wenn sie stattfinden, hinterlassen sie in der Regel Spuren, die Jahrhunderte überdauern. Die Geburt einer neuen Religion, des Islams, kann sicherlich als eine solche Entwicklung angesehen werden.

Bevor wir uns der arabischen Eroberung zuwenden, die den Islam in den Iran brachte, sollten wir einen kurzen Blick auf die Geschichte Arabiens werfen. Es ist wichtig zu verstehen, dass sich das ursprüngliche nomadische Stammesleben im Iran, bei dem das Pferd im Mittelpunkt stand, allmählich in eine vollwertige, staatlich orientierte Zivilisation verwandelte, während die Völker der arabischen Halbinsel einen ähnlichen Wandel in ihrer Lebensweise viel langsamer vollzogen. Ein großer Teil Arabiens war selbst zur Zeit der Sassaniden noch nomadisch geprägt, auch wenn in einigen Gebieten feste Siedlungen und Städte entstanden waren. Das Verhältnis zwischen den alten persischen Herrschern und den Arabern war überwiegend feindselig. Die nomadischen arabischen Stämme führten häufig Invasionen in die benachbarten mesopotamischen Länder durch, die sie wegen ihres Reichtums anzogen.

Die iranischen Herrscher mussten Mesopotamien also nicht nur gegen die Römer verteidigen, sondern auch gegen arabische Plünderer, die immer wieder in die ländlichen Gebiete Mesopotamiens einfielen. Zeitweise stellten die Araber sogar eine noch größere Bedrohung dar. So unternahmen sie unter der Herrschaft Schapurs II. einen ihrer kühnsten Feldzüge und belagerten die Hauptstadt der Sassaniden, Ktesiphon, die genau im Zentrum der mesopotamischen Ebene lag. Von Zeit zu Zeit griffen die Araber die iranische Golfküste an. Um die Region vor diesen Überfällen zu schützen, musste es eine Art iranische Marine geben.

Um der drohenden arabischen Gefahr zu begegnen, freundeten sich die sassanidischen Herrscher meist mit einer arabischen Dynastie an und etablierten deren Länder als eine Art Pufferstaat zwischen den sassanidischen Reichen und den gefährlichen arabischen Gebieten. Ein mächtiger Verbündeter im Süden half, die Zahl der schweren arabischen Einfälle bis zum Jahr 600 deutlich zu reduzieren. Manchmal half dies auch gegen die Byzantiner, da die Verbündeten der Sassaniden oft selbst Raubzüge gegen die Christen unternahmen.

Eine wichtige Entwicklung, die die Beziehungen zwischen Arabern und Persern stark beeinflusste, war natürlich die Entstehung des Islams und sein Aufstieg zu einer einflussreichen regionalen Religion in der Mitte des 7. Jahrhunderts. Es würde den Rahmen dieses Buches sprengen, die islamischen Glaubensinhalte und Prinzipien im Detail zu analysieren, aber wir müssen verstehen, dass die Lehren des Propheten Mohammed sehr schnell großen Anklang fanden. Dank der Bemühungen des verehrten Feldherrn Khalid ibn al-Walid wurden die arabischen Stämme vom Südwesten der arabischen Halbinsel bis zu den Grenzen Mesopotamiens unter dem Banner des Islams vereint. Die arabischen Stämme der gesamten Halbinsel schworen Abu Bakr, dem ersten Kalifen des Kalifats der Raschidun, Treue – dem arabischen Staat, der nach dem Tod des Propheten Mohammed im Jahr 632 als dessen Nachfolger entstand. Abu Bakr war auch der Herrscher von Medina und praktisch der gesamten muslimischen Welt.

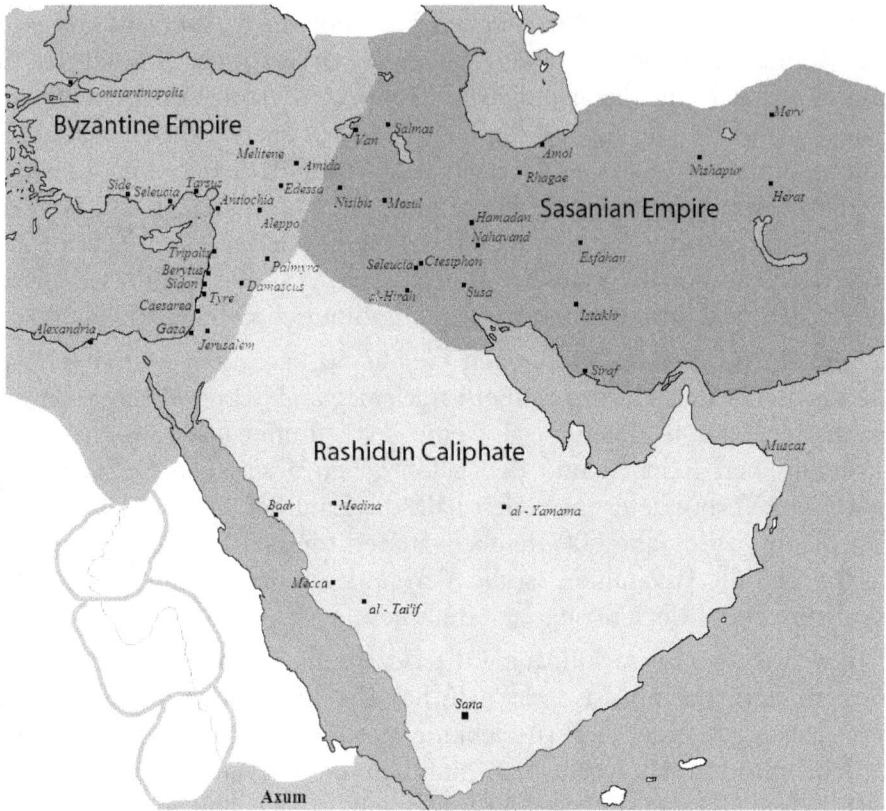

Karte des Mittleren Ostens um 640.⁶

All dies fiel mit dem Niedergang des sassanidischen Iran nach dem Tod von Chosrau I. Anuschirwan zusammen. Erbfolgekriege und rivalisierende Adelsfamilien, die ihre eigenen Interessen verfolgten, schwächten das Reich, was der aufstrebenden arabischen Kriegsmaschinerie nicht entging. Anfang 634 unternahmen die Araber unter Khalid ibn al-Walid erste Vorstöße in das von den Sassaniden kontrollierte Mesopotamien, wurden aber von diesen unter ihrem neuen König Yazdegerd III. in der Schlacht an der Brücke im Oktober zurückgeschlagen.

Doch die Araber gaben nicht auf. Sie setzten ihre Kämpfe mit den sassanidischen Truppen in Mesopotamien fort und begannen schließlich 636 einen neuen Großangriff, diesmal unter ihrem neuen Kalifen Omar. Es gelang ihnen, die Sassaniden in der Schlacht von Kadesia Anfang 637 zu besiegen und sich direkten Zugang zu den reichen mesopotamischen Städten zu verschaffen, die sie einnehmen konnten. Der bereits zerrüttete sassanidische Staat war nicht in der Lage, den arabischen Invasoren

Widerstand zu leisten. Ktesiphon, oder al-Mada'in, wie es die Araber nannten, wurde belagert und ohne große Schwierigkeiten eingenommen. Während die sassanidische Armee in den Zentraliran floh, eroberten die Araber nach der Eroberung von Ktesiphon mit einer Reihe von Siegen bei Jalula und Nehawend das gesamte von den Sassaniden kontrollierte Mesopotamien und Teile der westlichen Provinz Chuzestan.

In den 630er Jahren traten die Araber als eine Macht in Erscheinung, mit der man rechnen musste, und das Kalifat dehnte sich zum ersten Mal außerhalb der Halbinsel in die Länder der Levante aus. Die in den eroberten Städten Mesopotamiens verbliebene Bevölkerung trat zum Islam über. Kalif Omar stand vor dem Dilemma, die Offensive auf iranisches Gebiet fortzusetzen. Zunächst zögerte der Kalif aus gutem Grund. Die iranische Hochebene war gefährlich und den Arabern unbekannt. Aber er konnte nicht zulassen, dass die Sassaniden sich neu formierten und ein großes Heer aufstellten, zumal er nach seinen verschiedenen Siegen gegen die Sassaniden das Momentum auf seiner Seite hatte. Besonders motiviert waren Omars Männer nach der Eroberung der Burg Nehawend, einem der wichtigsten Siege im arabisch-persischen Krieg. Schließlich beschloss der Kalif, den Kampf zum Feind zu tragen.

Anfang 642 hatten die Araber alle Vorbereitungen für die Eroberung Persiens abgeschlossen. Die Sassaniden waren nach dem Chaos der letzten vierzig Jahre immer noch unorganisiert und nicht darauf vorbereitet, eine Verteidigung aufzubauen, die die arabischen Eroberer überwältigen konnte. Omar erkannte diese Situation und beschloss, sie zu seinem Vorteil zu nutzen. Die Niederlage bei Nehawend hatte die Sassaniden weiter demoralisiert, und Yazdegerd war nach Osten geflohen, vielleicht in der Hoffnung, dass die Araber ihn nicht erreichen würden. Nachdem die Araber über die Provinz Hamadan ins Herz des Iran vorgedrungen waren, eroberten sie die zentrale Stadt Isfahan und teilten das sassanidische Herrschaftsgebiet im Wesentlichen in zwei Teile. Anschließend unternahmen sie Feldzüge nach Aserbaidschan und Fars, um diese Gebiete unter ihre Kontrolle zu bringen. Um 650 war der gesamte West- und Zentraliran in arabische Hände gefallen. Yazdegerd blieb im Osten. Nominell war er immer noch der Herrscher des Reiches, aber in Wirklichkeit war er nicht in der Lage, eine ausreichend große Streitmacht aufzustellen, um den Arabern Widerstand zu leisten. Er starb schließlich im Jahr 651, ermordet von seinen eigenen Leuten in der Stadt Merw, nördlich von Chorasan. Das Sassanidenreich war untergegangen.

Nach der Eroberung des westlichen Iran drangen die arabischen Truppen schnell in die östlichen Provinzen des Iran ein wie sie wenig Widerstand antrafen. Statt sich zu wehren, ergaben sich viele Bewohner Chorasans den Angreifern, um unnötiges Blutvergießen und Zerstörung zu vermeiden. Der Kampf um Sistan im Südosten war für die Araber schwieriger, aber schließlich besiegten sie die letzten Widerstandskämpfer und eroberten alle sassanidischen Gebiete. Anfang der 660er Jahre hatte sich das Kalifat der Raschidun, der erste muslimische Staat, als eines der mächtigsten Reiche der alten Welt etabliert, das Arabien, die Levante, Teile Ostanatoliens, den Südkaukasus, den gesamten Iran und sogar Teile Zentralasiens kontrollierte. Die arabische Eroberung des sassanidischen Persiens war abgeschlossen.

Der islamische Iran

Das islamische Zeitalter in der iranischen Geschichte begann mit der Zerstörung des Sassanidenreiches und der arabischen Eroberung Persiens. Trotz des schnellen und erfolgreichen Eindringens der Araber dauerte es mehrere Jahrzehnte, bis die Invasoren die iranischen Gebiete fest unter ihre Kontrolle brachten. Es gab viele soziokulturelle Unterschiede zwischen den beiden Völkern, und die Iraner weigerten sich hartnäckig, die Araber als ihre Oberherren anzuerkennen. Nichtsdestotrotz begann die Islamisierung des Iran, und diese massive Veränderung sollte den Lauf der iranischen Geschichte für immer verändern.

Die Bekehrung Persiens zum Islam vollzog sich langsam, an manchen Orten leichter als an anderen. Historische Aufzeichnungen deuten darauf hin, dass es bereits vor der arabischen Eroberung zumindest einen gewissen Kontakt mit der Religion gab. Salman Farsi (Salman der Perser) soll der erste Perser gewesen sein, der noch zu Lebzeiten des Propheten Mohammed den Islam annahm. Es wird angenommen, dass er den Propheten in den frühen Tagen des Kalifats in Medina persönlich getroffen hat. Nachdem er Muslim geworden war, unterhielt Salman Farsi weiterhin enge Beziehungen zu den Führern des Kalifats und wurde möglicherweise sogar zum Gouverneur von Ktesiphon ernannt, nachdem dieses von den Arabern übernommen worden war.

Tausende von Iranern schlossen sich den Arabern bei der Eroberung der sassanidischen Gebiete an, insbesondere nach dem Fall Mesopotamiens. Dies lässt sich dadurch erklären, dass die Hauptmotivation der arabischen Eroberungen im 7. Jahrhundert nicht darin bestand, die eroberten Völker zu zwingen, sich zur neuen Religion zu bekehren. Die Iraner, die sich den arabischen Heeren anschlossen, waren wahrscheinlich durch ihre eigenen persönlichen Interessen und Überzeugungen motiviert, insbesondere wenn man bedenkt, dass die sassanidische Herrschaft zu dieser Zeit in Trümmern lag. Als die Araber die Eroberung der sassanidischen Gebiete abgeschlossen hatten, soll etwa ein Viertel der Armee aus iranischen Rekruten bestanden haben, von denen die meisten zum Islam konvertiert waren.

Im Gegensatz zu den meisten anderen Ländern, die schließlich von den Arabern erobert wurden, gestaltete sich die Islamisierung des Iran weitaus schwieriger und fragmentierter, was vor allem auf die zahlreichen regionalen Unterschiede zurückzuführen ist, die damals in den verschiedenen Provinzen Persiens bestanden. An einigen Orten, wie in der östlichen Provinz Chorasan, verlief die Ausbreitung des Islams friedlich und effektiv. Die Städte der abgelegenen iranischen Provinz ergaben sich weitgehend kampflos und bauten schon früh relativ stabile Beziehungen zu den Arabern auf.

Außerdem hatten die Bewohner Chorasans und die Araber, die nun ihre Lehnsherren waren, gemeinsame Interessen: Sie mussten ihr Land vor den Einfällen der Turkvölker und Hunnen aus den Ebenen Zentralasiens schützen, die Chorasan in der Vergangenheit immer wieder heimgesucht hatten. Zu allen Zeiten waren arabische Garnisonen in Chorasan stationiert. Diese ständige Präsenz trug sicherlich zur Konversion vieler Untertanen bei, die auch durch die hohen Steuern, die die Araber von den nichtmuslimischen Einwohnern erhoben, ermutigt wurden. Die Steuer, die von den nicht-muslimischen Untertanen des Kalifats erhoben wurde, hieß Dschizya. Nicht-Muslime mussten diese Steuer zusätzlich zu den bereits bestehenden Abgaben an ihre Gouverneure entrichten. Aufgrund der hohen Dschizya-Sätze und der Intoleranz der Araber gegenüber denjenigen, die sich weigerten, sie zu zahlen, wurden viele Nicht-Muslime gezwungen, zum Islam überzutreten, darunter auch die Zoroastrier, von denen bekannt ist, dass sie in großer Zahl nach Osten, nach Indien, auswanderten.

Nach der Eroberung Persiens durch die Araber befand sich die muslimische Welt für kurze Zeit in einem ausgedehnten Bürgerkrieg, der als Erste Fitna bezeichnet wird, und im Jahr 661 zum Ende des Kalifats der Raschidun und zur Errichtung seines Nachfolgers, des Kalifats der Umayyaden, führte. Gegründet von Mu'awiya, einem ehemaligen Befehlshaber der Raschidun, der die Aufständischen während des fünfjährigen Bürgerkriegs anführte, errichteten die Umayyaden eine noch strengere Herrschaft im Iran und diskriminierten alle nicht-arabischen Untertanen des Reiches. Die Umayyaden sollten fast ein Jahrhundert lang die führende Dynastie der muslimischen Welt sein und einen Großteil der nordafrikanischen Küste und des südlichen Iberiens erobern.

In den 740er Jahren führte jedoch eine wachsende Stimmung gegen die harte Herrschaft zu einem Aufstand in Chorasan. Zu dieser Zeit gewann in der muslimischen Welt die Frage nach der Legitimität des Kalifen an Bedeutung. Viele Demonstranten glaubten, dass die Umayyaden nicht die rechtmäßigen Herrscher des Reiches seien, da sie nicht von dem Propheten Mohammed oder seiner Familie abstammten. Daher hätten sie kein Recht, die Muslime zu führen.

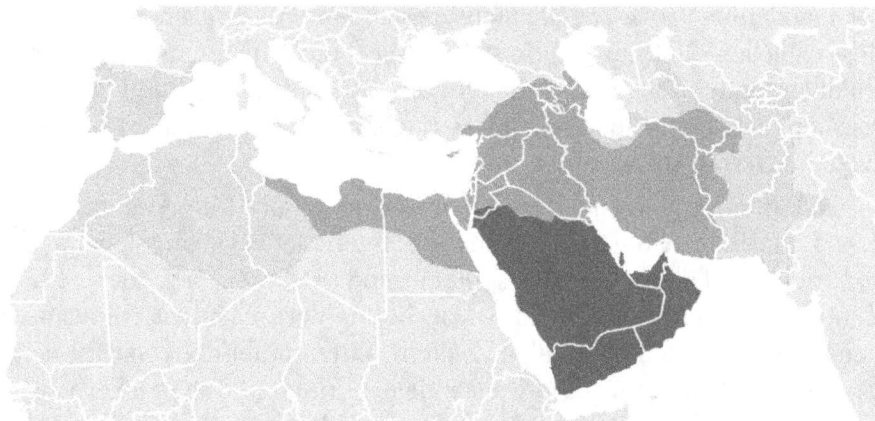

Die Ausbreitung des arabischen Kalifats: Dunkelbraun steht für die muslimische Welt zu Lebzeiten des Propheten Mohammed. Hellbraun steht für die muslimische Welt während des Kalifats der Rashidun. Gelb steht für die muslimische Welt während des Kalifats der Umayyaden.[7]

Schließlich schlossen sich die Nicht-Araber der Provinz 747 zu einer Revolution gegen das Kalifat der Umayyaden zusammen. Unter der Führung eines iranischen muslimischen Generals namens Abu Muslim gewannen die Nicht-Araber auf ihrem Marsch nach Westen immer mehr Unterstützung und erreichten schließlich Mesopotamien, wo der Großteil der Macht der Umayyaden konzentriert war. Im Jahr 750 gelang es den Rebellen, die Umayyaden zu stürzen und As-Saffah als neuen Kalifen einzusetzen. As-Saffah war ein Nachkomme von Abbas ibn Abd al-Muttalib, einem Onkel des Propheten Mohammed, was dem neuen Herrscher ein Gefühl der Legitimität verlieh, zumindest in höherem Maße als die „Usurpatoren" der Umayyaden. Das Kalifat der Abbasiden war geboren. Es war das dritte islamische Kalifat in der Nachfolge des Propheten Mohammed und markierte den Beginn einer neuen islamischen Epoche.

Die Gründung des abbasidischen Kalifats ist für die iranische Geschichte von besonderer Bedeutung, da die Iraner das Kalifat während seiner gesamten Existenz, vor allem in den ersten Jahrzehnten, stark beeinflussten. Zunächst muss noch einmal betont werden, dass die Abbasiden gegenüber den Minderheiten im Reich wesentlich toleranter waren als ihre Vorgänger. Dennoch kam es in den iranischen Provinzen zu zahlreichen Aufständen, die jedoch nicht in erster Linie auf mehr religiöse Freiheiten abzielten, auch wenn eine antiarabische Verschwörung zur Wiederherstellung der Macht des Zoroastrismus als eine der Ursachen vermutet wurde. Vielmehr waren die Aufstände des 8. Jahrhunderts in Herat, Aserbaidschan und Zarafshan politisch motiviert. Die lokale Bevölkerung war unzufrieden, da den iranischen Adelsfamilien nach der Übernahme des Kalifats viele Privilegien entzogen worden waren.

Insgesamt ist es jedoch nicht verwunderlich, dass die Iraner im Abbasiden-Kalifat eine wichtige Rolle spielten, da die Revolution, die die Umayyaden ablöste, ihren Ursprung in der Region Chorasan hatte. Die Historiker bezeichnen diesen Prozess als „Persifizierung" des Kalifats, die tatsächlich mit der Herrschaft des Kalifen Harun ar-Raschid begann, der ab 786 für etwa siebzehn Jahre regierte. Viele sassanidische und ältere iranische Ideen, Konzepte und Institutionen verschmolzen allmählich mit ihren arabischen Pendants, die ihre Grundlagen im noch relativ jungen Islam hatten. Persische Literatur wurde ins Arabische übersetzt und verändert, um islamische Prinzipien besser zu vermitteln. Iranische Rekruten stellten auch einen großen Teil der abbasidischen Armee.

Die Araber führten in ihren Verwaltungssystemen verschiedene Strukturen und Ämter ein, die vor allem iranischen Ursprungs waren. So setzten die arabischen Herrscher Wesire ein, die den heutigen Ministern entsprechen. Sie waren für verschiedene Verwaltungsaufgaben zuständig. Die Araber übernahmen das persische Münz- und Steuersystem. Viele Araber begannen, traditionelle persische Kleidung zu tragen, und auch die islamische Architektur übernahm viele Elemente aus alten iranischen Stilen. Der Einfluss der iranischen Kultur und die Präsenz vieler anderer unterschiedlicher Kulturen unter der Herrschaft der Abbasiden trugen dazu bei, dass sich das Kalifat von einem überwiegend arabischen Reich zu einem Reich wandelte, das sich mehr auf den Islam als auf ethnische oder kulturelle Unterschiede zwischen den Menschen konzentrierte.

Die Einführung des Islams im Iran hatte ebenfalls massive Auswirkungen. Die iranische Form des Islams entwickelte sich unabhängig vom Rest der muslimischen Welt. Schließlich wurde diese Version des Islams den wandernden Turkvölkern Zentralasiens vorgestellt, die sich gegen Ende des 8. Jahrhunderts zunehmend nach Westen bewegten. Die Mongolen und Türken wurden schließlich die Herren des Nahen Ostens und gründeten das Seldschukenreich und später das Osmanische Reich. Die islamischen Bräuche und Traditionen lernten sie jedoch erst kennen, als sie die iranische Hochebene überquerten. Als sie die Gebiete eroberten, die zuvor von den Byzantinern, den arabischen Kalifaten und den persischen Dynastien gehalten worden waren, erwiesen sie sich als unerschütterliche Verteidiger des islamischen Glaubens und verbreiteten die aus der iranischen Kultur hervorgegangene Version des islamischen Lebens auf drei Kontinenten, von Nordafrika bis Osteuropa.

Kapitel Fünf – Der türkisch-mongolische Iran

Das iranische Intermezzo

Gegen Ende des 9. Jahrhunderts setzten die Abbasidenherrscher alte iranische Adelsfamilien als Herrscher über die verschiedenen persischen Provinzen des Reiches ein. Diese Praxis sollte bis zur Völkerwanderung und der anschließenden Eroberung des Iran durch die Turkvölker Zentralasiens andauern. Diese Periode, die durch eine Art Wiedergeburt der iranischen Kultur und Staatskunst gekennzeichnet ist, wird heute als „iranisches Intermezzo" bezeichnet. Sie begann mit der Gründung der Tahiriden-Dynastie durch einen iranischen General namens Taher, der aufgrund seiner Erfolge auf dem Schlachtfeld gegen die Abbasiden im Jahr 821 die Kontrolle über Chorasan erlangte. Im Gegensatz zur ursprünglichen Provinz unter den Achämeniden, Parthern und Sassaniden umfasste Chorasan nun auch Gebiete weit im Westen. Die Kontrolle über ein so großes Gebiet und über so viele Ressourcen bedeutete, dass die Tahiriden im Wesentlichen Herrscher über ihr eigenes Reich waren. Im Laufe der Zeit entwickelten sie eine besondere Beziehung zu den Kalifen der Abbasiden und übten ein hohes Maß an Autonomie über die von ihnen regierten Länder aus.

Im Laufe der nächsten hundert Jahre entstanden mehrere weitere iranische Dynastien, die die historischen persischen Gebiete übernahmen und von ihren arabischen Lehnsherren als Statthalter eingesetzt wurden. Diese Dynastien schufen eine besondere Mischung der persisch-islamischen Zivilisation, da sie in jeder Hinsicht ethnisch und kulturell Iraner waren, aber auch durch ihre neue Religion mit ihren muslimischen Brüdern verbunden waren.

Neben den Tahiriden entstand in Sistan, der südöstlichsten Region des Kalifats, eine mächtige iranische Dynastie. Sistan hatte sich für die Abbasiden aufgrund seiner Entfernung vom Zentrum der arabischen Zivilisation in der Levante als sehr schwer zu regieren erwiesen. Die Saffariden wurden die Herrscher von Sistan, aber im Gegensatz zu den Tahiriden verfolgten sie eine viel aggressivere Politik gegenüber ihren Nachbarn, einschließlich der abbasidischen Krone, der sie formal unterstanden.

Die Saffariden, gegründet von einem Mann namens Ja'qub ibn al-Layth al-Saffar, führten zunächst Krieg gegen die Nicht-Muslime, die in den angrenzenden Gebieten lebten, bevor sie ihre Aufmerksamkeit auf die abbasidischen Vasallen richteten. Im Jahr 873 besiegten sie sogar die Tahiriden. Drei Jahre später setzten die Saffariden ihre Bemühungen fort, drangen in die persischen Provinzen Fars und Kerman ein und erreichten fast Bagdad, um die Abbasiden zu stürzen. Schließlich wurden sie jedoch 876 von den arabischen Streitkräften besiegt und nach Sistan zurückgedrängt, wo sie noch jahrelang als Regionalherrscher verblieben. Die Saffariden-Dynastie spielt eine wichtige Rolle in der Geschichte des frühislamischen Iran, da sie die Ersten waren, die die Oberherrschaft der Abbasiden in Frage stellten und sich für die Wiederherstellung eines protonationalen, islamischen persischen Staates einsetzten.

Die Dynastie, die die Kontrolle über Bagdad übernehmen und die Abbasiden erfolgreich untergraben sollte, war die Buyiden. Sie entwickelte sich in der Region Daylam südlich des Kaspischen Meeres zu einer der wichtigsten Mächte im Iran. Unter der Führung von Ali Buyah und seinen Brüdern bauten die Buyiden rasch eine starke Armee auf und eroberten Gebiete in Zentral- und Südpersien, darunter die Stadt Schiras und den Rest der Region Fars. Im Jahr 945 drangen sie schließlich bis nach Chuzestan und in den Irak vor.

Zu dieser Zeit befand sich das Kalifat der Abbasiden in einer sehr instabilen Lage, da es gleichzeitig mehrere Kriege im Ausland führte und mit Aufständen im Inland zu kämpfen hatte, was es den Iranern relativ leicht machte, die Kontrolle über Bagdad zu übernehmen und den Kalifen weitgehend zu stürzen. Die Buyiden ersetzten ihn durch einen Marionettenkönig, Moti, und übernahmen die politische Macht von den Abbasiden. In den folgenden Jahrzehnten waren die Buyiden neben den

Saffariden im Südosten, zu denen sie meist neutrale Beziehungen unterhielten, eine der mächtigsten Dynastien im Iran.

Die Buyiden waren Anhänger der schiitischen Glaubensrichtung des Islams und betonten die Bedeutung des Blutes des Propheten Mohammed sowie ihre königliche Geschichte und Abstammung aus dem vorislamischen Iran. Damit trugen sie nicht nur wesentlich zur Verbreitung schiitischer Praktiken und Rituale bei, sondern übernahmen auch den Titel Schahanschah - König der Könige - von den sassanidischen Monarchen.

Eine weitere wichtige iranische Regionaldynastie, die über die persischen Gebiete des Abbasidenkalifats herrschte, war die Samaniden-Dynastie. Die Samaniden entstammten dem Adelsgeschlecht der Dehqan und kamen aus dem äußersten Osten des Iran. Sie beherrschten schließlich die Provinz Chorasan und die Region Transoxanien in Zentralasien. Die Samaniden waren vielleicht die erfolgreichste Dynastie dieser Zeit. Zunächst erhielten sie von den Kalifen in Bagdad die Statthalterschaft über Transoxanien, wo sie sich durch den Kampf und den Sieg über die nomadischen Turkstämme auszeichneten, die den islamischen Gemeinden, die formell unter der Kontrolle der Abbasiden standen, ein Dorn im Auge waren. Nach der Eroberung der Tahiriden durch die Saffariden drangen die Samaniden allmählich nach Westen vor, forderten die Saffariden in der Region Chorasan heraus und besiegten sie schließlich zu Beginn des 10. Jahrhunderts.

Die Samaniden kontrollierten den größten Teil Zentralasiens und blieben auch nach der Eroberung Bagdads durch die Buyiden den Kalifen der Abbasiden treu. Sie setzten zunehmend gefangene türkische Sklaven in ihren Armeen ein, anstatt die traditionellen persischen *Dehqan*-Korps zu verwenden. Diese Praxis verbreitete sich schnell in ganz Iran und Arabien.

Die Samaniden spielten jedoch auch eine wichtige Rolle bei der Wiederbelebung der persischen Kultur, indem sie ihre persische Abstammung betonten und eine neue Version der Pahlavi-Sprache sprachen, die sie in arabischer Schrift schrieben. Die Samaniden förderten die Übersetzung wichtiger arabischer Texte ins Persische und trugen zur Entwicklung der persischen Literatur und Kunst bei. Das berühmteste iranische Nationalepos, das *Schahnameh* („Buch der Könige"), entstand in dieser Zeit. Die Samaniden-Dynastie war ein einzigartiger Nachfolger der persischen Zivilisation, da sie ihre arabischen Oberherren und die von ihnen übernommene islamische Religion respektierte und einen großen

Beitrag zur Verbreitung des Islams und der persischen Kultur in Zentralasien leistete.

Obwohl wir nicht auf die Entwicklung jeder einzelnen Dynastie während des iranischen Intermezzos eingehen werden, ist es wichtig zu verstehen, dass diese Periode eine Übergangsphase zwischen den arabisch dominierten Jahren nach dem Zusammenbruch der Sassaniden und der türkischen Eroberung Persiens und des restlichen Nahen Ostens darstellte. Während dieser Zeit unterhielten die islamischen Dynastien im Iran besondere Beziehungen zu den abbasidischen Kalifen in Bagdad, die im Wesentlichen als unabhängige Königreiche agierten, aber die arabischen Herrscher in unterschiedlichem Maße respektierten. Diese Spaltung und die Unfähigkeit der Abbasiden, ihre Kontrolle über den Iran aufrechtzuerhalten, verdeutlichten die grundlegende Schwierigkeit, den Iran zu kontrollieren. Ein Teil des Problems lag in dem extrem zerklüfteten Gelände und der mangelnden Verkehrsanbindung der entlegensten persischen Regionen. Aus diesem Grund wird die Herrschaft der regionalen Dynastien als eine der blühendsten Perioden des Iran seit dem Höhepunkt der Sassanidenherrschaft angesehen, da sie eine kohärentere Entwicklung einer neuen persisch-islamischen Kultur und Staatskunst ermöglichte, die sich schließlich aus zentralasiatischen Elementen zusammensetzte, was zu einem einzigartigen und denkwürdigen Abschnitt der iranischen Geschichte führte.

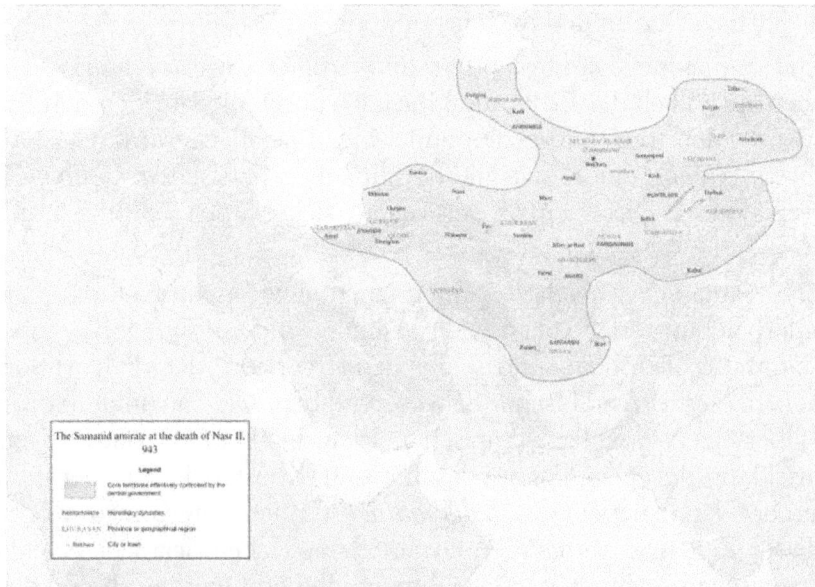

Die Sassanidenkalifate in der Mitte des 10. Jahrhunderts vor der Ankunft der Türken. [8]

Der türkische Iran

Gegen Ende des 10. Jahrhunderts begannen sich die Probleme der Samaniden-Dynastie abzuzeichnen, die vor allem in der schlechten Verwaltung der von ihnen kontrollierten Gebiete lagen, was nicht nur in diesem Teil der Welt der Fall war. Darüber hinaus wurde die Samaniden-Dynastie durch den zunehmenden Einsatz zentralasiatischer Söldner und Sklaven in ihren Armeen sowie durch die Islamisierung der benachbarten Turkvölker vor große Herausforderungen gestellt, die schließlich zu massiven Veränderungen in der gesamten politischen Landschaft der Region führten.

Irgendwann in der Mitte des 10. Jahrhunderts eroberte ein türkischstämmiger samanidischer Heerführer namens Alp-Tegin mit seinen Truppen die Stadt Ghazna (heute Ghazni) im heutigen Südafghanistan. Ghazna stand formell unter der Oberhoheit der Samaniden, aber die fehlende Verbindung zum Zentrum des Herrschaftsgebietes der Dynastie, wo sich der Großteil der Macht konzentrierte, führte schließlich zur Bildung eines völlig neuen Staates und einer von der Herrschaft der Samaniden unabhängigen Dynastie. Die Ghaznawiden, wie sie in der Geschichte genannt werden, sollten etwa zweihundert Jahre lang bestehen. In dieser Zeit unternahmen sie mehrere Raubzüge in die angrenzenden nicht-muslimischen Gebiete des heutigen Pakistan und Indien. Diese Raubzüge wurden aus rein religiösen Gründen organisiert und richteten sich zunehmend gegen die hinduistischen und buddhistischen Bevölkerungszentren in Punjab und im Ganges-Tal, was den Ghaznawiden den Ruf einbrachte, skrupellose Plünderer zu sein, da sie sich nie die Mühe machten, diese Gebiete unter ihre Kontrolle zu bringen, sondern sich mit der Beute zufriedengaben.

An den Grenzen der iranischen Gebiete bildeten sich weitere islamisch-türkische Dynastien, die ihre Macht durch die Eroberung benachbarter Länder und Nomadenstämme allmählich festigten und sich unter einem Herrscher, meist einem Kriegerkönig, vereinigten. So entstand im Norden der Ghaznawiden das Khanat der Kara-Khaniden, das schließlich 999 die samanidische Hauptstadt Buchara eroberte. Bis zur Mitte des 11. Jahrhunderts hatten sie den größten Teil der ehemals samanidischen Gebiete in Transoxanien erobert und führten ständig Kriege mit den benachbarten turkmenischen Häuptlingstümern. Nach der Eroberung durch die Samaniden wanderten die Turkvölker Zentralasiens langsam nach Westen, um die ehemals persischen Gebiete zu besetzen und sich mit ihrer Lebensweise vertraut zu machen.

Die seldschukische Invasion

Im frühen 11. Jahrhundert entstand eine weitere bedeutende turkmenische Dynastie, die den Lauf der iranischen und islamischen Geschichte für immer verändern sollte. Die seldschukischen Türken, gegründet von ihrem ursprünglichen Clanführer, einem Mann namens Seldschuk, trennten sich zunächst von den Chasaren, die die eurasische Steppe nördlich und nordöstlich des Kaspischen Meeres bewohnten und sich in der Nähe des Aralsees niederließen. Die Seldschuken wurden als große Krieger bekannt und boten zeitweise sogar den benachbarten turkmenischen Häuptlingen ihre Dienste an.

Unter der Führung der Brüder Tughrul-Beg und Tschagri begannen die Seldschuken ihre Expansion, durchquerten die Wüsten des heutigen Turkmenistan und fielen in die Region Chorasan ein, wo sie auf die Ghaznawiden trafen. Im Jahr 1038 eroberten die Seldschuken die Stadt Nischapur im Osten Irans, die ihnen als Hauptstadt dienen sollte, und riefen ein neues unabhängiges islamisches Sultanat aus. Zwei Jahre später errangen sie in der entscheidenden Schlacht von Dandanaqan einen weiteren Sieg über die Ghaznawiden, eroberten den größten Teil der westlichen Gebiete der Ghaznawiden und setzten ihre Expansion in das Herz des iranischen Hochlands fort.

Die Seldschuken waren skrupellose und erfahrene Krieger, die besonders gut zu Pferd waren und jeden Widerstand, auf den sie bei ihrer Expansion nach Westen stießen, mühelos überwanden. Unter der Führung von Tughrul-Beg unterwarfen sie rasch die persischen Fürsten, erreichten schließlich Bagdad und eroberten es 1055, womit sie der Dynastie der Buyiden ein Ende setzten. In den folgenden Jahrzehnten eroberten die Seldschuken weitere Gebiete im Westen und Norden und forderten die Byzantiner in Armenien, Georgien und Ostanatolien heraus, die sie größtenteils besiegten. Die Seldschuken, die sich als heilige Ghazi-Krieger im Namen des Islams verstanden, entwickelten sich rasch zur mächtigsten politischen Einheit im Nahen Osten, wodurch der Einfluss des Byzantinischen Reiches in den umkämpften Gebieten stark zurückging.

Die Seldschuken waren überwiegend Nomadenstämme, die von Kriegerhäuptlingen angeführt wurden. Da sie nur Erfahrung im Kampf hatten, waren sie nicht wirklich in der Lage, die von ihnen eroberten Länder zu regieren und zu verwalten. Nach dem Tod von Malik Schah I. im Jahr 1092 erreichte das Seldschukenreich seine größte Ausdehnung und umfasste Outremer, Anatolien, den Kaukasus, Mesopotamien,

Persien und Transoxanien – ein riesiges Gebiet, das ein kohärentes Verwaltungssystem erforderte. Daher übernahmen die Seldschuken die Regierungssysteme der von ihnen eroberten persischen Dynastien, insbesondere der Samaniden. Die seldschukischen Herrscher beschäftigten persische Wesire, Bürokraten und Berater, denen sie die Verwaltung des Reiches anvertrauten.

Der vielleicht bedeutendste persische Staatsmann war Nizam-al-Mulk, der als Hauptwesir und Berater von Alp Arslan und Malik Schah diente und schließlich alle Praktiken und Theorien der iranischen Herrschaftswerte in einem Verwaltungshandbuch namens *Siyasatnama* zusammenfasste. Das *Siyasatnama* wurde zu einem Leitfaden für die seldschukischen Herrscher und beeinflusste sie mit persischen Regierungskonzepten bis zum Zusammenbruch des Sultanats im 12. Jahrhundert.

Obwohl die Seldschuken ethnisch türkischen Ursprungs waren, bedeutete ihre Herrschaft über den Iran nicht, dass die türkische Kultur die iranische dominierte. Alle Aspekte des seldschukischen Lebens, vielleicht mit Ausnahme der Kriegsführung, waren stark von den Samaniden oder dem persisch-islamischen Einfluss geprägt. Die Kultur blühte im Reich, als das Seldschukenreich seine größte Ausdehnung erreichte. Die Künste, insbesondere die Poesie, wurden stark gefördert, und die Seldschukenzeit brachte einige der berühmtesten Dichter des Nahen Ostens aller Zeiten hervor, darunter Omar Khayyam. Auch in den Bereichen Wissenschaft und Geschichte wurden Fortschritte erzielt.

Vor allem aber waren die Seldschuken für die Entwicklung und Stärkung des sunnitischen Islam verantwortlich, den die Turkvölker seit dem späten 9. Jahrhundert zunehmend angenommen hatten. Als die Seldschuken den Nahen Osten beherrschten, war das Fatimiden-Kalifat in Ägypten die andere große islamische Macht der Welt, aber ein entschiedener Förderer des schiitischen Islams, der sich als natürlicher Rivale des seldschukischen Sultanats darstellte. Den Seldschuken oblag es daher, den sunnitischen Islam als den wahren Zweig des Islams zu fördern und zu verteidigen. Sie förderten die Gründung und Verbreitung der Madrasas, der ersten Bildungseinrichtungen, in denen die Grundsätze des sunnitischen Islam und seine Gesetze gelehrt wurden. Die Madrasas entstanden nach und nach in allen seldschukischen Gebieten und behielten über Jahrhunderte hinweg ihren besonderen Bildungsstatus.

Die islamische Gelehrsamkeit erreichte ein so hohes Niveau, dass sie schließlich zur Entstehung des Sufismus führte, einer neuen und einzigartigen Form des sunnitischen Islam, die eine persönlichere und emotionalere Religionsausübung betonte. Der Sufismus verband Elemente des rituellen Mystizismus mit der traditionelleren asketischen muslimischen Lebensweise und schuf so eine überzeugende Version des sunnitischen Islam, die sich rasch im gesamten Seldschukenreich verbreitete. Mitte des 12. Jahrhunderts wurde er sogar institutionalisiert, was ein weiterer Beleg dafür ist, dass die Seldschukenzeit trotz der Oberhoheit der türkischen Herrscher durch eine Blüte der persisch-islamischen Kultur gekennzeichnet war.

Die Mongolen und Timuriden

Trotz der großen Erfolge konnte sich das Seldschukenreich nicht lange halten. Mitte des 12. Jahrhunderts, nach dem Tod einiger der mächtigsten und einflussreichsten Sultane, begann eine Phase des raschen Niedergangs. Nach der Ermordung von Nizam al-Mulk im Jahr 1092 begannen die Seldschukenprinzen, um den Thron zu kämpfen. Da sich kein klarer Favorit abzeichnete, beschlossen die Fürsten, das zentralistische Sultanat aufzugeben und in verschiedenen Teilen des Reiches eigene Dynastien zu gründen. Dies bedeutete das Ende des Sultanats, führte aber nicht zwangsläufig zu einem Wiederaufleben der iranischen Dynastien in den persischen Gebieten.

Zu Beginn des 13. Jahrhunderts sah sich der Iran der aufkommenden Bedrohung durch die Mongolen ausgesetzt, einem neuen kriegerischen Reich aus den asiatischen Steppen, das alle Widerstände überwand und alle benachbarten Stämme und Reiche eroberte. Unter der Führung des legendären Dschingis Khan erreichten die Mongolen 1219 den östlichen Iran, dezimierten die lokalen Herrscher und verwüsteten große Teile Chorasans. Städte wie Nischapur und Balch wurden von den Mongolen völlig zerstört. Im Gegensatz zu den Türken, die einige Jahrhunderte zuvor in den Iran eingedrungen waren und ihn erobert hatten, waren die Mongolen keine Muslime, und ihre Invasionen waren keine Religionskriege. Vielmehr waren die von Dschingis Khan geeinten mongolischen Stämme durch den Krieg zur gefährlichsten Kriegsmaschinerie ihrer Zeit zusammengeschweißt worden, die auf ihren Eroberungszügen jeden mühelos besiegte.

Die mongolischen Invasionen wurden 1223 für kurze Zeit unterbrochen, setzten sich aber 1255 unter Hulagu Khan, dem Enkel Dschingis Khans, fort. Zwischen 1255 und 1260 gelang es den mongolischen Armeen, die stärker und erfahrener waren als alles, was das uneinige islamische Reich aufbieten konnte, den gesamten Nahen Osten zu plündern und nicht nur den Iran, sondern auch Mesopotamien, Syrien, Armenien und den Kaukasus zu verwüsten. Im Jahre 1258 eroberten und plünderten die Mongolen Bagdad und töteten den abbasidischen Kalifen, der trotz all der Jahre der Unruhen seinen symbolischen Status behielt, auch wenn er keine reale politische Macht über seine „Untertanen" besaß. Für die nächsten dreihundert Jahre sollten die Mongolen die Herren des Iran sein.

Es ist wichtig zu verstehen, dass die mongolischen Eroberungen nach Dschingis Khans Tod unter seinen Nachfolgern aufgeteilt wurden. Das Reich war einfach zu groß, um von einem einzigen Herrscher effektiv regiert zu werden. Deshalb gründete Hulagu Khan einen eigenen mongolischen Staat in Westasien, der die iranischen Gebiete, das nördliche Mesopotamien, Ostanatolien und den Südkaukasus kontrollierte. Sein Reich wurde als Ilkhanat bekannt und entwickelte sich zu einem mächtigen Staat neben der Goldenen Horde, einem weiteren mongolischen Staat, der Gebiete vom nördlichen Kaspischen Meer bis nach Russland umfasste.

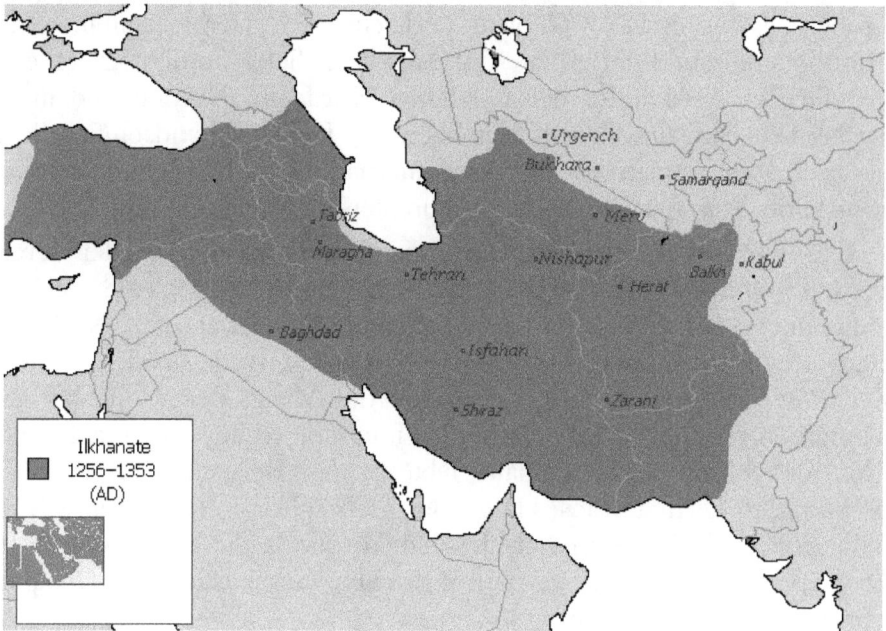

Das Ilkhanat von 1256 bis 1353. [9]

Ein entscheidender Wendepunkt in der Geschichte des Ilkhanats war der Übertritt zum Islam unter Ghazan Khan, der von 1295 bis 1304 regierte. Ghazan Khan war ein seltener mongolischer Herrscher, da er sich sehr für die Kultur seines Reiches und seines Volkes interessierte.

Möglicherweise unter dem Einfluss seines iranischen Wesirs Rashid-al-Din führte er eine Reihe von sozialen und administrativen Reformen im Ilkhanat ein, darunter natürlich auch seine Entscheidung, eine neue Religion anzunehmen. Dennoch war dem Ilkhanat nur eine relativ kurze Lebensdauer beschieden und es zerfiel bis 1335 unter verschiedenen mongolischen Generälen in kleinere, sich bekriegende Fürstentümer.

In der zweiten Hälfte des 14. Jahrhunderts kam ein weiterer zentralasiatischer Eroberer in den Iran, dem es in wahrhaft mongolischer Manier gelang, bis zum Ende des Jahrhunderts den gesamten Iran und den übrigen Nahen Osten zu unterwerfen. Um 1380 fiel der Iran zum ersten Mal dem Zorn Timurs zum Opfer, nachdem der legendäre Eroberer mongolischer Abstammung, der möglicherweise mit Dschingis Khan selbst verwandt war, seine Macht in Zentralasien bereits gefestigt hatte. Im Wesentlichen wiederholte Timur den Eroberungsweg seiner Vorfahren, aber er erreichte noch viel mehr.

Persien war bei Timurs Ankunft zersplittert, da es unter den Nachfolgedynastien des Ilkhanats aufgeteilt worden war, was Timur die Eroberung iranischer Gebiete erleichterte. Der gesamte Iran, Mesopotamien und der größte Teil Anatoliens fielen an den Kriegsherrn, der auch in die Länder der Goldenen Horde im Norden und in die ägyptischen Besitzungen der Mamluken im Heiligen Land einfiel. Sogar bis nach Indien wagte er sich vor. Innerhalb eines halben Jahrhunderts stieg Timur zum mächtigsten und gefürchtetsten Mann der Welt auf.

Der Iran sollte unter der Dynastie der Timuriden wieder vereint werden. Obwohl das mongolische Joch schwer war, passte sich das iranische Volk schnell an seine neuen Herrscher an. Nach der eigentlichen Invasion beruhigte sich die Lage und wurde stabiler. In dieser Zeit des relativen Friedens, der durch die Macht der Mongolen und Timuriden gesichert wurde, blühte die iranische Kultur erneut auf. Unter der mongolischen Herrschaft lebte zum Beispiel der vielleicht berühmteste Dichter Irans, Hafez, der so berühmt war, dass er sich mit dem großen Timur selbst getroffen haben soll, da dieser die Werke des Dichters schätzte. Auch in den Bereichen Geschichte und Geografie wurden Fortschritte erzielt.

Dennoch hatte der Iran unter mongolischer Herrschaft nie die Möglichkeit, ein Nationalstaat zu werden. Es dauerte mehrere Jahrhunderte, bis die Iraner die Eroberer endgültig aus ihrem Land vertrieben und es für sich zurückerobern konnten.

Kapitel Sechs – Die Safawiden

Vom Orden zur Dynastie

Nach Timur zerfielen die timuridischen Länder unter seinen Nachfolgern in mehrere Dynastien, die jedoch regionale Machtzentren blieben und die Kontrolle über die eroberten Gebiete behielten. Schließlich entstand in diesen Ländern eine iranisch-islamische Dynastie, die sich von einem religiösen Orden zu einem souveränen iranischen Nationalstaat wandelte, der über mehrere Entwicklungsstufen zur modernen Islamischen Republik Iran wurde. Die Safawiden-Dynastie, die nach jahrzehntelangen Kämpfen und politischen Manövern in der Zeit der Timuridenherrschaft im Iran gegründet wurde, herrschte fast drei Jahrhunderte lang und entwickelte sich zu einem der mächtigsten iranischen Staaten seit der arabischen Eroberung im 7. Jahrhundert.

Eine mächtige Dynastie ist jedoch nur die zweite Hälfte der Geschichte der Safawiden. Bevor die Safawiden zu einer vollwertigen Königsfamilie werden konnten, die über Millionen von Menschen herrschte, musste der Orden der Safawiden gegründet werden. Er wurde im 13. Jahrhundert von einem Sufi-Gläubigen namens Scheich Safi al-Din in der südwestlichen kaspischen Provinz Gilan ins Leben gerufen. Bis 1301 war er mit seinem Orden nordwestlich in die Stadt Ardabil gezogen. Er und seine Anhänger halfen den Bürgern der Stadt und organisierten die Khanqah, ein spirituelles Zentrum der Sufis, in dem sie die Armen beherbergten und versorgten. Schließlich wurde die Khanqah in Ardabil zu einem wichtigen Ort für Sufi-Pilger und erlangte sogar die Anerkennung von Timur selbst, unter dem die Safawiden weitere Privilegien erhielten, wie z.B. die Möglichkeit, Steuern zu erheben.

Der Safawidenorden entwickelte sich mehr als ein Jahrhundert lang, bis sein vierter Führer und Nachkomme von Safi al-Din, Scheich Jonayd (Junayd), begann, den Orden zunehmend zu militarisieren, viele Anhänger als Ghazis zu rekrutieren und Angriffe auf benachbarte nichtmuslimische Gebiete, insbesondere im Kaukasus, zu beginnen. Zu dieser Zeit waren die ehemaligen timuridischen Eroberungen im Nahen Osten zwischen den beiden großen Monarchien aufgeteilt worden: Qara Qoyunlu (Schwarze Schafe), die die Gebiete im Nordwesten des Iran, im Irak, in Aserbaidschan und im Südkaukasus kontrollierten, und Aq Qoyunlu (Weiße Schafe), die hauptsächlich über Ostanatolien herrschten.

Nachdem der Herrscher von Qara Qoyunlu, Jahan Shah, in der Region an Einfluss gewonnen hatte, wurde er gegenüber den Safawiden misstrauisch und zwang Jonayd, das Reich zu verlassen. Der safawidische Herrscher emigrierte in das Gebiet von Aq Qoyunlu und suchte dort Schutz bei einem mächtigen Monarchen der Weißen Schafe namens Uzun Hasan. Uzun Hasan brachte ihm großen Respekt entgegen und er heiratete sogar seine Schwester, bevor er schließlich 1459 versuchte, nach Ardabil zurückzukehren. Dieser gewagte Schritt sollte ihm jedoch den Tod bringen.

Scheich Jonayds kleiner Sohn Haydar stand bis zu seiner Volljährigkeit unter dem Schutz von Uzun Hasan und heiratete schließlich eine von Hasans Töchtern. Als Haydar volljährig wurde, übernahm er die Führung des Safawidenordens von seinem Vater und führte die von ihm begonnenen Bemühungen fort, die schließlich dazu führten, dass die Safawiden zu einer eigenständigen politischen Bewegung wurden. Unter Haydars Führung erfand und verwendete der Safawidenorden die symbolträchtigen zwölfteiligen roten Hüte. Sie symbolisieren die Unterstützung des Ordens für den sogenannten Zwölfer-Zweig des schiitischen Islams, der sich auf die zwölf göttlichen Imame, die geistigen Nachfolger des Propheten Mohammed, konzentriert. Diese besondere Kleidung war unter den türkischen Stammesanhängern des Safawidenordens weit verbreitet und brachte ihnen den Spitznamen Kizilbasch („Rotkopf") ein. Im Laufe der Zeit wurden die Kizilbasch zu den eifrigsten Anhängern der Safawiden und stellten einen großen Teil ihrer Armee.

Haydar, der Scheich der Safawiden, versuchte, seinen Vater zu rächen, der in einem Hinterhalt der Truppen von Aq Qoyunlu getötet worden war, indem er eine Militärexpedition in die Provinz Schirwan im Ostkaukasus, dem heutigen Aserbaidschan, unternahm. Obwohl es

Haydar gelang, das Land von Schirwan zu überfallen und zu plündern, wurde er von Prinz Yaqub (Ya'qub) von den Weißen Schafen gestellt, der den safawidischen Anführer 1488 mit viertausend Mann besiegte.

Scheich Haydars ältester Sohn wurde 1494 von der Elite der Aq Qoyunlu gefangen genommen und ermordet, möglicherweise aus Furcht, dass ein starker Safawidenorden die Einheit des Reiches gefährden könnte, zumal das Reich nach dem Tod von Prinz Yaqub 1490 in Aufruhr geraten war. Die beiden anderen Söhne Haydars wurden ins Exil gezwungen und flohen in die Provinz Gilan, wo sie unter dem Schutz loyaler Schiiten aufwuchsen. Der jüngste Sohn Haydars, Prinz Ismail, sollte die Führung des Ordens übernehmen.

Unter Ismail erlebte der Orden der Safawiden in der schiitischen Bevölkerung eine Renaissance, die wahrscheinlich auf eine intensive Propaganda zurückzuführen ist. Ismail wurde nicht mehr nur von seinen religiösen Anhängern als Sufi-Imam (muslimischer religiöser Führer) oder von seinen Ghazi als Kriegsherr angesehen. Stattdessen gewann Ismail neue Anhänger, indem er behauptete, über Imam Mousa al-Kazem ein Nachkomme des Propheten Mohammed zu sein, und sich selbst als den verheißenen „verborgenen Imam" bezeichnete, eine messianische Gestalt der Zwölferschia, die in einer Zeit des Aufruhrs erscheinen und Frieden und Gerechtigkeit in der islamischen Welt wiederherstellen sollte. Dies hob Ismail auf eine andere Ebene, und die überwiegende Mehrheit der Kizilbasch-Anhänger aus seinem Stamm übernahm diese Idee und verehrte ihn fast wie eine Gottheit.

Natürlich haben Historiker festgestellt, dass diese merkwürdige Entwicklung nicht einfach so geschehen sein konnte, vor allem angesichts der Tatsache, dass Ismail erst zwölf Jahre alt war, als er 1499 als neuer Führer der Kizilbasch aufbrach, um die verlorenen Gebiete der Safawiden zurückzuerobern. Die meisten Gelehrten glauben, dass die Geschichte von Ismail als dem verborgenen Imam eine sorgfältig verbreitete Idee der schiitischen Elite von Gilan und der erfahreneren Anhänger der Safawiden war, vielleicht um mehr Anhänger zu

Porträt von Ismail I. Schah.[10]

gewinnen und die Macht zurückzugewinnen.

Dennoch gelang es Scheich Ismail, gerade dann an Boden zu gewinnen, als die schiitische Welt ihn am dringendsten zu brauchen schien. Sein astronomischer Aufstieg zur Macht fiel mit dem Zerfall von Aq Qoyunlu in mehrere rivalisierende Dynastien in verschiedenen Teilen des Nahen Ostens zusammen, einschließlich der Provinz Gilan, die von der Kar-Kiya-Dynastie regiert wurde. Im Jahr 1500 machte sich Ismail mit etwa siebentausend Kizilbasch-Truppen aus der ostanatolischen Region Erzincan auf, Ardabil zurückzuerobern und seinen Vater und Großvater zu rächen. Angeblich gelang es Ismail mit seiner viel kleineren Streitmacht, das Heer von Schirwanshah Farrukh Yasar zu vernichten und in den folgenden Jahren ganz Schirwan zu erobern, wobei bis 1503 auch Baku und Täbris eingenommen wurden. In den folgenden zehn Jahren eroberte Ismail, der den traditionellen persischen Titel Schah annahm, die meisten der übrigen iranischen Provinzen und nahm Fars, Hamadan und Gorgan ein. Bis 1508 hatte er den Iran weitgehend wiedervereinigt. Ismail zwang auch die Safawiden, seine Oberhoheit über seine Untertanen im Kaukasus, in Chuzestan und in Kurdistan anzuerkennen, wodurch er im Wesentlichen die Kontrolle über wichtige Städte wie Tiflis und Bagdad erlangte.

Schah Ismails beeindruckende militärische Leistungen verschafften ihm einen hervorragenden Ruf in der muslimischen Welt. Nach Jahren der Expansion sah sich der safawidische Herrscher mit zwei zukünftigen Feinden seines Reiches konfrontiert: dem Osmanischen Reich im Westen und den usbekischen Khanaten im Osten. Beides waren sunnitische Staaten und damit natürliche Rivalen der Safawiden. Tatsächlich führte Ismail einen Feldzug in den Osten und besiegte in der Schlacht von Merw die einfallenden usbekischen Armeen in Chorasan, tötete ihren Anführer Muhammad Shaybani Khan und schickte dessen abgetrennten Kopf als Geschenk an den osmanischen Sultan. Im Laufe der Zeit erwies sich die Rivalität zwischen den Safawiden und den Osmanen für beide Seiten als sehr kostspielig, und beide Reiche waren ständig in militärische Aktivitäten verwickelt.

Obwohl Ismail die sunnitischen Osmanen immer wieder provozierte und beleidigte, sollte das erste Zusammentreffen im Kampf für die Safawiden nicht gut ausgehen. Nachdem Selim der Grimmige den osmanischen Thron bestiegen hatte, erkannte der neue Herrscher die Gefahr, die vom Safawidenreich und seinen Anhängern und Unterstützern in Anatolien ausging. Er unterdrückte Zehntausende von schiitischen Kizilbasch im osmanischen Anatolien und zwang sie zur Auswanderung nach Osten. Schah Ismail sah sich gezwungen, de facto als Verteidiger aller Schiiten in der muslimischen Welt aufzutreten und versammelte etwa vierzigtausend Männer. Sie marschierten westwärts in osmanisches Gebiet.

Im August 1514 kam es in der Westtürkei zur Schlacht von Chaldiran zwischen den Osmanen und den Safawiden. Ismail erwartete, dass seine Kizilbasch-Reiter den Feind vernichtend schlagen würden, wurde jedoch enttäuscht, da die Osmanen eine defensive Position einnahmen, um feindlichen Kavallerieangriffen auszuweichen, und ihre technische Überlegenheit nutzten, um die Safawiden mit Kanonen und Musketen gnadenlos zu vernichten. Zudem waren die Osmanen den Safawiden zahlenmäßig überlegen, was den Verlauf der Schlacht weiter zu ihren Gunsten veränderte. Schließlich zwang die Macht des osmanischen Schießpulvers das traditionellere Heer der Safawiden zum Rückzug, wobei Ismail verwundet wurde und aus der Schlacht fliehen musste.

Es war die erste große Niederlage Schah Ismails und ein Schock für den Safawiden-Monarchen. Chaldiran hatte auch eine große symbolische Bedeutung, da die Osmanen ihre militärische Überlegenheit gegenüber ihren Rivalen demonstrieren konnten und im Namen des sunnitischen Islam über den schiitischen Islam triumphierten. Die Safawiden wurden schließlich aus einigen ihrer westlichsten Gebiete vertrieben, darunter auch aus Täbris, das kurzzeitig von Selim dem Grimmigen besetzt war. Der osmanische Sultan beschloss jedoch nach 1515, den Feldzug gegen die Safawiden nicht fortzusetzen.

نواز قزلباش ـ دوران صفویان

Cavalier Ghezelbach. Epoque Séfévide
Qezelbash cavalryman. Safavid period

Ein typischer Kizilbasch-Soldat im frühen safawidischen Persien.[11]

Safawidisches Schiitentum und Tahmasp I.

Die Niederlage von Chaldiran hatte katastrophale Folgen für das Safawidenreich und insbesondere für Schah Ismail selbst, der es nie wieder wagte, seine Armeen in die Schlacht zu führen. Es war, als hätte der Schah den Willen verloren, Verantwortung zu übernehmen. Bis zu seinem Tod im Jahr 1524 zog er sich von allen Staatsgeschäften zurück und trank viel. Für das Reich ergaben sich neue Grenzen des safawidischen Einflusses, und die Türken gewannen in Ostanatolien und Mesopotamien an Bedeutung. Auch im Osten schlugen die Usbeken zurück und machten den Safawiden die Provinz Chorasan streitig, das historisch persische Gebiet, das stets vor den Angriffen aus Zentralasien lag. Kurzum, Chaldiran brachte das Wachstum des Reiches zum Stillstand und zwang die Safawiden, ihre Expansionsstrategie zu überdenken und kohärentere Grenzen und Verwaltungen in den von ihnen kontrollierten Gebieten zu schaffen.

So beschränkte sich das Reich der Safawiden aufgrund verschiedener Faktoren weitgehend auf die historisch von persischen Völkern bewohnten Gebiete, die in der Vergangenheit die Wiege so vieler mächtiger Dynastien gewesen waren. Es überrascht nicht, dass dies einen entscheidenden Einfluss auf die Entwicklung der safawidischen Identität hatte, die schnell Elemente der iranischen Kultur aufnahm und eine neue, einzigartige dynastische Ära hervorbrachte.

Der größte Einfluss der Safawidenzeit auf den Iran war natürlich die klare und feste Etablierung des schiitischen Zwölfer-Islam als offizielle Staatsreligion. Nach den anfänglichen Eroberungen Ismails wurde die Idee des schiitischen Extremismus, die vor allem die Kizilbasch-Stammesvölker angezogen hatte, weitgehend zurückgedrängt und eine traditionellere Version des Zwölfer-Islam gefördert. Es muss jedoch eingeräumt werden, dass der Prozess der Verbreitung des schiitischen Islams relativ effektiv und ungehindert verlief, vielleicht im Gegensatz zu der weit verbreiteten Meinung, dass die sunnitisch dominierten Provinzen des Iran sich der Konversion von einem Zweig des Islams zum anderen widersetzten.

Zwar war der sunnitische Islam zur Zeit der Herrschaft der Safawiden die populärere der beiden Glaubensrichtungen im Iran, doch gab es in vielen Regionen, insbesondere im Westen des Landes, auch schiitische Gemeinschaften. Die schiitische Vorstellung, die die Bedeutung des Blutes Mohammeds hervorhebt, hatte immer einen Platz in der Volkskultur, so dass es nicht besonders notwendig war, sie den Sunniten aufzuzwingen. Die sunnitischen Ulama – die religiöse Elite des Landes, die über große Autorität und sogar richterliche Befugnisse verfügte – wurden nach und nach durch schiitische Imame ersetzt, die die gleichen Aufgaben übernahmen und dadurch mehr Menschen dazu brachten, schiitische Muslime zu werden. Dieser Prozess vollzog sich jedoch allmählich und zog sich über mehrere Jahrzehnte hin.

Die politischen Feinde des safawidischen Iran waren vor allem sunnitische Gruppierungen. Tatsächlich war der sunnitische Islam seit der Bekehrung der Turkvölker zum Islam während des iranischen Intermezzos, viele Jahrhunderte bevor die Safawiden an die Macht kamen, in Zentralasien am stärksten vertreten. Die anhaltende Herrschaft verschiedener zentralasiatischer Völker über den Iran und den Rest des Nahen Ostens führte dazu, dass der sunnitische Islam in diesen Regionen vorherrschend wurde. So ist es nicht verwunderlich, dass die Usbeken im Osten und die Osmanen im Westen (beide türkischen Ursprungs aus Zentralasien) die beiden Hochburgen des Sunnitentums waren. Es ist auch nicht verwunderlich, dass der Kampf gegen diese Nationen zur Entwicklung des Kampfes der Schia gegen die Sunniten führte.

Schließlich nahm der Einfluss der schiitischen Ulama im Safawidenreich drastisch zu, was zur Herausbildung einer ausgeprägten sozialen Klasse führte, die das Reich beeinflusste. Die Safawidenherrscher trugen zur Entwicklung einer hierarchisch gegliederten klerikalen Gesellschaft bei. Der Klerus wurde mit verschiedenen Privilegien ausgestattet und erhielt Ländereien, die zuvor dem Staat gehörten. Später erhielten die Mitglieder der Ulama das Recht, auf den von ihnen kontrollierten Ländereien Steuern zu erheben, was zu ihrem Machtzuwachs und ihrem Aufstieg zur herrschenden Schicht der safawidischen Gesellschaft beitrug. All dies führte schließlich zu einer Erhöhung ihres Status, da immer mehr von ihnen behaupteten, von einem der zwölf Imame abzustammen, und daher glaubten, mehr Legitimität und Autorität über die anderen zu besitzen.

Unter Schah Tahmasp, der 1524 die Nachfolge Ismails antrat, nahm die Bedeutung der schiitisch-muslimischen Geistlichkeit im Safawidenreich stark zu. Der Schah, selbst ein gläubiger Anhänger des Islams, bat die Imame häufig um politischen Rat, den sie ihm gerne erteilten. Schon früh in seiner Regierungszeit sah sich der junge Schah mit dem Problem konfrontiert, dass viele Stämme der Kizilbasch nach der Niederlage Schah Ismails bei Tschaldiran enttäuscht waren. Sie sahen ihn nicht mehr als unbesiegbaren geistlichen Führer an und versuchten, die

Macht seines Nachfolgers zu untergraben. Nach jahrelangen Feldzügen gegen die Kizilbasch gelang es dem neuen Schah 1533, das Problem zu lösen. Er zwang sie, ihm und allen nachfolgenden Herrschern der Safawiden die Treue zu schwören. Die Niederlage Ismails bei Tschaldiran und die daraus resultierende Enttäuschung seiner Anhänger dürfte auch einer der Gründe für den Machtzuwachs der schiitischen Geistlichkeit gewesen sein.

Die Herrschaft Tahmasps war geprägt von der ständigen Bedrohung durch die Osmanen, die zu dieser Zeit zweifellos weitaus mächtiger und stärker waren als die Safawiden. Dies veranlasste den Schah der Safawiden, die Hauptstadt des Reiches von Täbris in die Stadt Qazvin nordöstlich des heutigen Teheran zu verlegen. Um die osmanische Macht indirekt herauszufordern, eroberte und unterwarf er erfolgreich den christlichen Kaukasus. Viele christliche Kaukasier wurden entweder gezwungen, zum Islam zu konvertieren, oder in den Iran deportiert, wo die safawidischen Herrscher sie in ihren Armeen als neues Truppenkorps namens *Ghilman* (ähnlich den *Dewschirme* bei den Osmanen) einsetzten. 1555 unterzeichnete Tahmasp einen Friedensvertrag mit dem Osmanischen Reich, in dem er gezwungen wurde, seine Besitzungen im Kaukasus mit den Osmanen zu teilen. Die Safawiden gaben auch die Kontrolle über den größten Teil Mesopotamiens einschließlich Bagdad ab, behielten jedoch die Kontrolle über ihre historische Hauptstadt Täbris.

Schah Abbas

Auf den Tod Tahmasps folgten zwölf Jahre Bürgerkrieg im safawidischen Iran. Der Schah hatte Schwierigkeiten, einen seiner Söhne zu seinem Nachfolger zu ernennen, und nach seinem Tod erhoben verschiedene Fraktionen, die unterschiedliche Kandidaten unterstützten, Anspruch auf den Thron. Nach mehr als einem Jahrzehnt politischer Manöver wurde 1588 Abbas, der dritte Sohn von Schah Mohammad Chodabanda (der Erstgeborene von Tahmasp und „offizieller" Schah des Reiches in dieser Zeit des Chaos), zum neuen Schah gekrönt. Schah Abbas war der einflussreichste Herrscher der Safawiden und regierte die nächsten vierzig Jahre. Er führte das safawidische Persien in seine Blütezeit.

Porträt von of Schah Abbas I., dem Großen.[12]

Um seine Macht zu festigen, unternahm Schah Abbas eine Reise, um die Gunst des Volkes der Kizilbasch zurückzugewinnen. Diejenigen, die sich dem Schah gegenüber loyal verhielten, wurden von ihm bevorzugt behandelt. Er fand für die Kizilbasch einen Platz in seiner Armee als Schahsevan (Liebhaber des Schahs), was dazu beitrug, die strengen Stammesgrenzen zwischen den Kizilbasch zu überwinden. Auch die Armee wurde erheblich verbessert, da Schah Abbas erkannte, dass die Safawiden in Bezug auf militärische Technik und Taktik, die von den rivalisierenden Osmanen schnell übernommen worden waren, im Rückstand waren. In gewisser Weise versuchte Schah Abbas, die Safawiden-Armee, die zuvor stark vom Kizilbasch-Korps abhängig gewesen war, zu dezentralisieren. Zu diesem Zweck rekrutierte der Schah verstärkt ausgebildete persische Musketiere und Artilleristen. Außerdem schuf er eine völlig neue königliche Kavallerieeinheit, die ausschließlich aus *Ghilman* bestand.

Diese dringend notwendigen Veränderungen führten schließlich zu einer kurzen Phase der militärischen Vorherrschaft der Safawiden über ihre Feinde, zunächst über die Usbeken im Osten und später über die osmanischen Türken im Westen. 1598 wurden die Usbeken schließlich aus Chorasan vertrieben und die Stadt Herat fiel wieder unter die Kontrolle der Safawiden. Zwischen beiden Seiten wurden neue Grenzen gezogen. Ab 1603 führte Schah Abbas seine Männer persönlich in mehreren Feldzügen gegen die Osmanen und drängte sie aus weiten Teilen des Irak bis an die Grenzen Ostanatoliens zurück. Später besiegten die Safawiden ein riesiges osmanisches Heer unter dem osmanischen Großwesir Khalil Pascha, lockten ihn bei Täbris in eine Falle, schlossen ihn ein und errangen einen entscheidenden Sieg. Bis 1624 gelang es den Safawiden, Bagdad zurückzuerobern und sich als regionale Großmacht zu etablieren.

Schah Abbas war für das Safawidenreich das, was Peter der Große für Russland oder Sultan Suleiman der Prächtige für das Osmanische Reich war: Ein einflussreicher, charismatischer absolutistischer Monarch, dem es durch seine brillante Regierungsführung gelang, die politische Landschaft seiner Zeit rasch zu verändern. Wie bei anderen erfolgreichen absolutistischen Monarchen beschränkten sich die Verdienste von Schah Abbas nicht nur auf seine militärischen Triumphe über seine Feinde. Sie zeigten sich auch in anderen Bereichen, etwa in der Außenpolitik. Der Schah der Safawiden bemühte sich, die diplomatischen Beziehungen zu potentiellen Partnern zu verbessern, zumal diese später gegen seine beiden Hauptfeinde, die Usbeken und die Osmanen, nützlich sein könnten. Er schickte Gesandte in das Mogulreich im Nordwesten Indiens und knüpfte damit freundschaftliche Beziehungen zu einem Reich, das strategische Interessen in der Region hatte. Im Westen verteilte Schah Abbas seine Würdenträger auf verschiedene europäische Reiche mit dem gleichen Ziel, Unterstützung gegen das Osmanische Reich zu gewinnen.

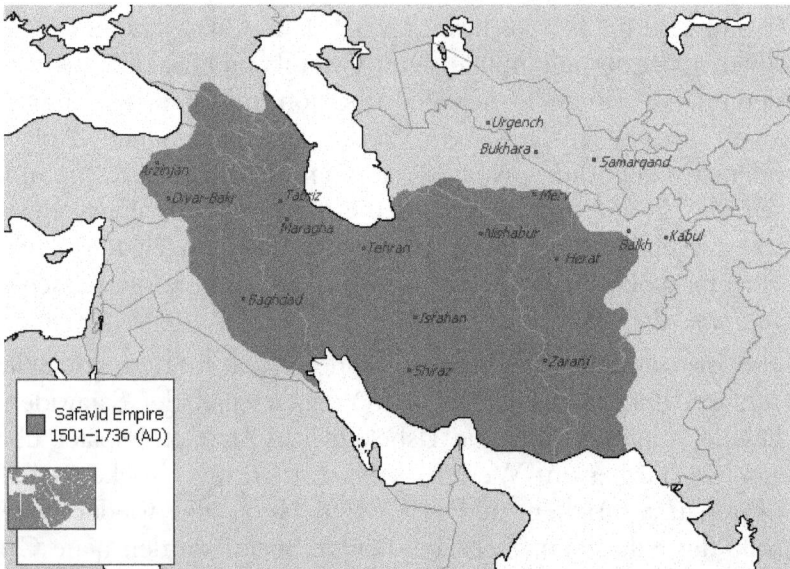

Das persische Reich der Safawiden unter Schah Abbas I. auf seinem Höhepunkt [18]

Die Herrschaft von Schah Abbas fiel mit dem Beginn des Zeitalters der Entdeckungen zusammen. Die europäischen Mächte hatten kurz zuvor einen sicheren Seeweg nach Indien um das Kap der Guten Hoffnung in Südafrika entdeckt und begannen, sich dort niederzulassen, um in den Handel der Region einzugreifen. So hatten die Portugiesen bis 1515 mehrere Stützpunkte im Golf von Hormus errichtet, was den Schah beunruhigte. Er versuchte, die Kolonisatoren zu vertreiben, um die Vorherrschaft über die indo-europäischen Handelsrouten zurückzugewinnen. Um dieses Ziel zu erreichen, erhielt Schah Abbas Hilfe von niederländischen und englischen Handelskompanien, die ähnliche Interessen in der Region verfolgten. Mit ihrer Hilfe und im Gegenzug für Handelsprivilegien konnte der Schah 1622 die Insel Hormus von den Portugiesen zurückerobern und pflegte für den Rest seiner Herrschaft offene Beziehungen zu den Europäern, was den Status der Safawiden in ihren Augen weiter erhöhte.

In die Regierungszeit von Schah Abbas fällt auch die Wiederbelebung der persischen Kultur, ein Zeichen für eine Zeit des Wohlstands und des Friedens. Als Förderer von Kunst und Literatur förderte Schah Abbas während seiner Herrschaft über die Safawiden die Schaffung neuer Werke. Auf ihn geht auch die Verlegung der Hauptstadt von Qazvin nach Isfahan im Zentrum der iranischen Hochebene zurück, ein Ort, der von vielen verschiedenen Herrschern, insbesondere den Seldschuken, bevorzugt wurde. Das erstaunliche Wachstum und die Entwicklung Isfahans von einer vergessenen Stadt zu einem der attraktivsten kulturellen und sozialen Zentren der Welt ist wirklich bemerkenswert. Mit fortschrittlicher Stadtplanung (zumindest für die damalige Zeit) und dem hervorragenden Architekturstil des Safawiden-Irans des 17. Jahrhunderts, der stark von der klassischen persischen Epoche beeinflusst war, wurde Isfahan zum Kronjuwel des Safawidenreiches und vielleicht zum besten Symbol für die blühende Herrschaft von Schah Abbas.

Obwohl Schah Abbas dafür verantwortlich ist, dass das Safawidenreich zu einem echten Machtzentrum wurde, indem er die Armee modernisierte und vergrößerte, diplomatische Beziehungen zu verschiedenen Mächten in der Welt aufbaute und administrative und soziale Veränderungen einführte, um sein Volk besser zu regieren, wies seine Herrschaft sicherlich einige Mängel auf, die den Safawidenherrschern nach ihm ein Dorn im Auge sein sollten. So zögerte der Schah beispielsweise, seinen Söhnen die Möglichkeit zu geben, Erfahrungen in Verwaltung und Regierung zu sammeln, und verbot ihnen, regionale Herrscher zu werden, was im Hinblick auf ihre spätere Nachfolge von großem Nutzen gewesen wäre. Stattdessen hielt er sie im königlichen Harem gefangen, der am Hof des Schahs großen Einfluss erlangte und oft hinter den Kulissen agierte und sich in die Staatsgeschäfte einmischte. Mit der Zeit sollte sich der Einfluss des Harems nachteilig auf das politische System der Safawiden auswirken, da die zukünftigen Schahs sich mit verschiedenen Fraktionen auseinandersetzen mussten, die sich an ihren Höfen gebildet hatten. In dieser Hinsicht ähnelten die Safawiden ihren osmanischen Nachbarn im Westen.

Einige der vom Schah eingeführten Verwaltungsreformen hatten auch schwerwiegende langfristige Folgen für das Reich. Die staatliche Bürokratie wurde ausgebaut und mehrere neue Institutionen wurden gegründet, um die Verwaltung der Safawidenländer in verschiedenen Lebensbereichen zu verbessern. Die schiere Größe des Safawidenreiches und die fehlende Verbindung zwischen der Zentralregierung und den lokalen Bürokraten führten jedoch schnell zu Korruption. Schah Abbas versuchte, seine Macht zu zentralisieren, und obwohl ihm dies weitgehend gelang, braucht ein stark zentralisiertes Reich immer einen mächtigen Führer an seiner Spitze. Um das Steuersystem zu reformieren, wurden viele „Staatsländereien" konfisziert und in spezielle „Kronländereien" umgewandelt. Obwohl die königliche Schatzkammer zunächst höhere Einnahmen verzeichnete, machte dies den Schah letztlich direkter für die Verteidigung seiner Gebiete verantwortlich. Zuvor zahlten die lokalen Grundbesitzer weniger Steuern, stellten aber eigene Armeen auf, die dem Schah dienten.

Insgesamt war Schah Abbas eine entscheidende Figur in der iranischen Geschichte und trug dazu bei, das safawidische Reich zu einer Regionalmacht zu machen. Sein berühmter Ruf als frommer Mann, tapferer Krieger und großer Verwalter hob den Status des safawidischen Iran in den Augen anderer Weltmächte. Für seine Verdienste wird der Schah für immer in der iranischen Geschichte in Erinnerung bleiben. Einige der Probleme, die während seiner Herrschaft auftraten, wirkten sich jedoch in den folgenden Jahrzehnten negativ auf die Safawiden aus.

Die Machtübernahme der schiitischen Ulama

Es ist nicht schwer zu erkennen, dass die Safawiden nach dem Tod von Schah Abbas im Jahr 1629 in eine Phase des langsamen Niedergangs eintraten. Dafür gab es viele Gründe, die alle mit dem schwindenden Einfluss des Monarchen und der wachsenden Rolle der muslimischen Ulama in Staat und Politik zusammenhingen. Auch die religiöse Elite erfuhr unter der Herrschaft von Schah Abbas, der als gottesfürchtiger Mann galt und die islamische Tradition des Safawidenstaates als eine seiner wichtigsten Säulen respektierte, eine deutliche Verbesserung ihres Status. Tatsächlich ist Schah Abbas für die Finanzierung des Baus einiger der beeindruckendsten Moscheen in der muslimischen Welt verantwortlich. Die Masjed-e Schah oder Schah-Moschee (heute Majed-e Emam oder Persische Moschee genannt) ist ein beeindruckendes Beispiel islamischer Architektur, das Besucher noch heute mit seinen bunten Kacheln und komplexen Ornamenten in Erstaunen versetzt. Der Schah besuchte auch verschiedene muslimische Stätten im Iran, wie den berühmten Imam-Reza-Schrein im Nordosten, um dort persönlich seine Ehrerbietung zu erweisen und zu beten. Darüber hinaus versorgte Schah Abbas die religiöse Elite bei vielen Gelegenheiten direkt mit Land und Geld und erließ sogar spezielle Gesetze, die das Einkommen der Ulama erhöhten.

Während der Herrschaft von Schah Abbas begannen die Ulama, sich als immer mächtiger und einflussreicher zu betrachten, sogar mächtiger und einflussreicher als der Herrscher. Der Status, den sie erreichten, war zweifellos beeindruckend, aber sie begannen ihn zu nutzen, um noch mehr Macht in einer Gesellschaft zu erlangen, die sie bereits zutiefst respektierte. An dieser Stelle ist es wichtig, sich daran zu erinnern, dass der safawidische Staat stark auf der Idee beruhte, dass der Herrscher ein göttliches Recht zur Herrschaft besaß; sein religiöser Status war entscheidend für seine Legitimität. Der Schah sollte ein Repräsentant des verborgenen Imams sein, ein Konzept, das im schiitischen Islam eine entscheidende Rolle spielte. Mit dem wachsenden Einfluss der Geistlichkeit begann die Rolle des Monarchen jedoch zu schwinden, da sie von den Ulama, die ihre Privilegien missbrauchten, stark untergraben wurde. Nach und nach entzog die religiöse Elite der Safawiden den safawidischen Monarchen inoffiziell ihre Legitimität, indem sie die Idee bekräftigte und verstärkte, dass die Ulama die wahren Repräsentanten des verborgenen Imams seien und das Volk ihnen folgen müsse. Die Schahs sollten sie als übergeordnete Autoritäten respektieren.

Besonders deutlich wurde der wachsende Einfluss der Ulama während der unruhigen Regierungszeit von Schah Sultan Hosein, der 1694 den Thron bestieg. Da er im königlichen Harem aufgewachsen war, war er mit den Staatsgeschäften bestens vertraut, und so ist es erstaunlich, dass sich der Schah nach seiner Machtübernahme so leicht von mächtigen politischen Akteuren beeinflussen ließ. Er war bekanntermaßen abergläubisch und eine schwache Persönlichkeit, was ihn anfällig für die Einflussnahme der religiösen Elite machte. Insbesondere Muhammad Bāqir al-Madschlisī, ein schiitischer Gelehrter und Rechtsgelehrter, sollte den Schah stark beeinflussen und mit seinen Visionen manipulieren.

Madschlisī war eine der führenden religiösen Persönlichkeiten seiner Zeit, die sich dafür einsetzte, den Einfluss des Sufismus im Reich zurückzudrängen – was ironisch ist, da die Sufi-Ideologie der Hauptbestandteil der ursprünglichen Safawiden-Ordnung und damit eines der Gründungsprinzipien des Staates war. Unter Madschlisī wurde der schiitische Zweig des Islams, wie wir ihn heute kennen, strikt von allen Formen des Sufismus getrennt und die Feindschaft zwischen schiitischen und sunnitischen Muslimen weiter geschürt. Der schiitische Imam übte direkten Einfluss auf den Schah aus und veranlasste ihn, viele Nichtmuslime und Muslime, die er persönlich als Bedrohung für das Reich und seinen Status ansah, ins Exil zu schicken oder hinzurichten.

Die Probleme während der Herrschaft von Schah Sultan Hosein endeten damit nicht. Der Schah, der weder wusste, was in seinem Reich vor sich ging, noch bereit war, sich politisch zu engagieren, führte die Safawiden in eine Zeit der Unruhe und Instabilität, als ausländische Akteure das Reich von allen Seiten angriffen. Im Osten schlossen sich die fanatischen sunnitischen Stämme Afghanistans unter dem Stamm der Ghilzai zusammen, deren Anführer Mir Mahmud seine Anhänger schnell um sich scharte und in den frühen 1710er Jahren Raubzüge in die persischen Gebiete unternahm. Da die Safawiden mit ihren Auseinandersetzungen mit den Russen im Kaukasus beschäftigt waren und Sultan Hosein kein fähiger Anführer war, drang Mir Mahmud immer tiefer in safawidisches Gebiet vor und eroberte 1719 Kerman im Osten Irans. Zwei Jahre später startete er eine große Invasion in den Iran, erreichte Isfahan und belagerte 1722 die Hauptstadt der Safawiden. Die Osmanen nutzten die Gelegenheit, um ihre Kämpfe im Westen wieder aufzunehmen, was die Safawiden weiter schwächte. Nach sechsmonatiger Belagerung war der Schah gezwungen, abzudanken, sich den Afghanen zu ergeben und eine demütigende Niederlage hinzunehmen.

Die letzten Safawiden und Nader Schah

Die afghanische Eroberung traf die Safawiden völlig unvorbereitet und brachte weitere Instabilität in das ohnehin im Niedergang begriffene Reich. Die Hotak-Dynastie unter Mir Mahmud herrschte auch in den folgenden Jahren über Teile des Südostens und Zentralirans. Trotz der

Eroberung von Isfahan waren die Ghilzai jedoch immer noch eine weitgehend primitive Gesellschaft und nicht in der Lage, die Kontrolle über so gut entwickelte Gebiete aufrechtzuerhalten. Obwohl die Macht der Safawiden stark geschwächt und der zentralisierte Staat im Wesentlichen zerstört worden war, sollten die Perser in der Lage sein, zurückzuschlagen.

Im Jahre 1727 fanden die Kizilbasch-Völker des Reiches ihren Retter in Tahmasp II, dem Sohn von Schah Sultan Hosein, der während der Belagerung von Isfahan nach Täbris geflohen war. Tahmasp II. wollte den verlorenen Thron zurückerobern und übertrug einem Mann namens Nader Khan das Kommando über die lokalen Stämme der Kadscharen und Afscharen. Nader Khan sollte sich als einer der bemerkenswertesten Generäle in der Geschichte des Iran erweisen. Nader Khan führte die loyalen Truppen in Chorasan und besiegte 1729 in der Schlacht von Damghan eine viel größere Ghilzai-Truppe. Ende November hatte Nader Isfahan zurückerobert und führte den Schah feierlich in die Hauptstadt zurück. Ein Jahr später wagte er sich nach Westen und begann einen Feldzug gegen die Osmanen, die längst in die westlichen Gebiete der Safawiden eingedrungen waren. 1732 musste Nader Khan den Angriff auf die osmanischen Gebiete aufgeben und kehrte nach Osten zurück, um die Stadt Herat von den Afghanen zurückzuerobern.

Trotz seiner Verdienste bei der Niederschlagung der safawidischen Feinde scheint Nader Khan bis 1733 kaum Fortschritte gemacht zu haben. Dies lag vor allem daran, dass Tahmasp II. sich entschlossen hatte, einen eigenen Feldzug in den Kaukasus zu unternehmen, eine Region, die zwischen Safawiden, Russen und Osmanen heftig umkämpft war. Er erlitt eine demütigende Niederlage, die ihn zum Rückzug zwang. Der Grund für Tahmasps Entscheidung, in den Kaukasus einzufallen, ist unklar, aber er endete in einer Katastrophe. Als Tahmasp von seinem Feldzug zurückkehrte, hatte Nader Khan großen Einfluss unter den Safawiden-Loyalisten gewonnen. Nader Khan handelte entweder aus persönlichen Motiven oder zum Wohle des Reiches und überzeugte Mitglieder der Elite, den Schah zu stürzen.

Aus Angst und Hilflosigkeit gegenüber seinem Lieblingsgeneral verzichtete Tahmasp II. 1732 zugunsten seines jungen Sohnes Schah Abbas III. auf den Thron der Safawiden. In den folgenden drei Jahren kämpfte Nader Khan weiter gegen die Osmanen und konnte einige der von Tahmasp erlittenen Verluste wettmachen. 1735 unterzeichneten die Safawiden mit Russland den Vertrag von Ganja, der ihre Rivalität im

Nord- und Südkaukasus beendete. Der Vertrag legte klare Grenzen fest und machte die beiden Nationen zu Verbündeten gegen das Osmanische Reich.

Dann, im Jahr 1736, nahmen die Dinge eine interessante Wendung, als Nader eine große Versammlung von Würdenträgern in der Moghan-Ebene im Süden Aserbaidschans einberief. Viele Historiker spekulieren, dass aufgrund der Art der Versammlung und der Reihenfolge, in der die Ereignisse stattfanden, alles bereits von Nader und seinen engsten Verbündeten geplant war. Nader Khan kündigte seinen Rückzug als militärischer Befehlshaber an und schlug der Versammlung vor, einen neuen Herrscher für das Safawidenreich zu wählen. Dies war ein logischer Vorschlag, da Abbas III. erst vier Jahre alt war und nach der Abdankung seines Vaters als Kind gekrönt worden war. Abbas III. stand nominell an der Spitze des Reiches, während Nader Khan tatsächlich der Herrscher war.

Es ist nicht verwunderlich, dass die Versammlung, anstatt nach einem neuen Herrscher zu suchen, sich aus ganzem Herzen dafür entschied, Nader zum neuen Schah zu wählen. Nader willigte ein und wurde am 8. März 1736 vor den Notabeln des Reiches zum Schah gekrönt, was das Ende der Safawiden-Dynastie bedeutete.

Nader Schah ist als einer der erfolgreichsten iranischen Feldherren aller Zeiten in die Geschichte eingegangen, und seine militärischen Erfolge sind zweifellos beachtlich. Nader Schah ist aber auch für eine der überzeugendsten kulturellen Entwicklungen in der iranischen Geschichte verantwortlich. Kurz nachdem er Schah geworden war, verfolgte Nader eine interessante Religionspolitik: Er erklärte, dass die Schia nicht mehr die offizielle Staatsreligion des safawidischen Iran sei. Dies war ein schockierender Schritt, da der safawidische Staat vollständig auf einer spezifischen schiitischen Identität aufgebaut war, die ihn von anderen großen muslimischen Mächten unterschied, die mehrheitlich sunnitisch waren.

Für diese Entscheidung mag es zwei Gründe gegeben haben. Erstens hatte der Schah, obwohl er selbst als Schiit erzogen worden war, immer eine Schwäche für den sunnitischen Islam in seinem Herzen und betrachtete die Sunniten nicht als natürliche Feinde. Zweitens könnte die Entscheidung, der Schia ihren offiziellen Status als Staatsreligion zu entziehen, strategischer Natur gewesen sein, da sie es dem Reich ermöglichen würde, dem Osmanischen Reich gegenüber freundlicher aufzutreten und den jahrhundertelangen Kämpfen ein Ende zu setzen.

Der zweite Grund erscheint wahrscheinlicher, wenn man bedenkt, dass ein osmanischer Gesandter bei der Versammlung, die Nader zum neuen Schah wählte, anwesend war und den neuen Vorschlag des Schahs aus erster Hand hören konnte. Insgesamt stabilisierten sich die Beziehungen zwischen den Osmanen und dem Iran so weit, dass iranische Pilger ungehindert zu den heiligen muslimischen Stätten (die damals unter der Kontrolle des Osmanischen Reiches standen) reisen und dort ihre Religion frei ausüben konnten.

Nader Schah erklärte, dass der Schiismus im Reich weiterhin frei praktiziert werden könne, aber seine abfällige Haltung gegenüber den Sunniten aufgeben müsse, einschließlich der beleidigenden Praktiken, die von den streng schiitischen Anhängern gegenüber den Sunniten ausgeübt wurden, die sie als minderwertig betrachteten. Da die Safawiden-Dynastie eng mit dem schiitischen Islam verbunden war, diente die Entscheidung, die Bedeutung des Schiitentums zu verringern, auch dazu, die Bedeutung und Legitimität der Safawiden-Dynastie zu schmälern, die gerade von Nader Schah aus der Afschariden-Dynastie abgelöst worden war.

Porträt Nader Schahs. [14]

Die Stabilisierung der Beziehungen zum Osmanischen Reich durch Beschwichtigungsmaßnahmen und die Schaffung einer ähnlichen religiösen Identität zahlten sich für Nader Schah aus, der seine Armeen vom Westen, wo der Krieg erloschen war, in den Osten lenken konnte.

Im Jahr 1738 konnte der Schah einen Feldzug beginnen und die afghanische Hotak-Dynastie endgültig besiegen, indem er die Stadt Kandahar eroberte. Nach dem Sieg über die Afghanen fand Nader Schah einen Vorwand, um das geschwächte, aber reiche muslimische Mogulreich in Westindien anzugreifen. Nader Schah rechtfertigte seinen Einmarsch in Indien mit der Behauptung, der Mogul-Kaiser Mirza Muhammad Schah verstecke die aufständischen Afghanen. Nach mehreren kleineren Siegen überquerte Nader Schah den Indus und traf im Februar 1739 in der Schlacht von Karnal auf ein riesiges Mogulheer. Obwohl zahlenmäßig unterlegen, stellte Nader Schah erneut sein militärisches Genie unter Beweis, indem er die Inder entscheidend schlug und anschließend die Hauptstadt Delhi besetzte und plünderte. Dies war wohl die größte Expansion eines iranischen Herrschers im Industal.

Nach der Eroberung Delhis arrangierte Nader Shah die Heirat eines seiner Söhne mit einer Mogulprinzessin, was ihm noch mehr Reichtum und Macht sicherte. Er eroberte auch alle Mogulländer westlich des Indus. Ende 1740 führte Nader Schah einen Feldzug in den Norden und besiegte die Usbeken, wodurch er neue Grenzen entlang des Flusses Oxus (heute Amudarja) festlegte und die östlichen Grenzen des Iran vollständig konsolidierte.

Nader Schah war zwar ein hervorragender Feldherr, doch fehlten ihm andere Eigenschaften, die für einen Herrscher eines so großen Reiches von entscheidender Bedeutung sind. Während seiner gesamten Regierungszeit handelte er fast ausschließlich im Alleingang, was zur Folge hatte, dass er nicht in der Lage war, die von ihm kontrollierten Gebiete angemessen zu verwalten. Da half es auch nicht, dass er ein rücksichtsloser Monarch war. Er schreckte nicht davor zurück, diejenigen hinzurichten, zu häuten oder zu blenden, die er des Verrats verdächtigte, einschließlich seiner eigenen Verwandten. Dies und seine Unfähigkeit, ein kohärentes, modernes Verwaltungssystem aufzubauen, das den Bedürfnissen der Bevölkerung entsprach, führten schließlich zu seinem Untergang. Der Iran hatte eine veraltete Struktur. Er war nicht mehr so finanzkräftig wie früher, und die Kriegsbeute konnte die Unternehmungen des Schahs nur für eine begrenzte Zeit finanzieren. Zwar folgten auf die Eroberung Westindiens und die Feldzüge gegen die Usbeken und Afghanen Bemühungen um den Aufbau einer schlagkräftigen Marine, um der wachsenden Seemacht der europäischen und asiatischen Nationen Paroli bieten zu können, was schließlich 1743 zur Eroberung des Oman führte.

Die Wahrheit ist, dass kein Imperium allein auf der Prämisse der Expansion durch Krieg aufgebaut werden kann, was Nader Schah entweder nicht erkannte oder einfach nicht akzeptieren wollte. Seine Bestrebungen, die Religion weiter zu reformieren, riefen auch bei seinen Untertanen Unzufriedenheit hervor, und er war zu Lebzeiten Ziel mehrerer erfolgloser Attentate. Schließlich gelang es den Verschwörern, möglicherweise motiviert durch die religiöse Elite der Schiiten und Sympathisanten des Glaubens, ihn zu Fall zu bringen. Seine Generäle übernahmen die Führung. Nader Schah wurde 1747 in seinem Zelt im Schlaf ermordet. Seine Nachfolger aus der Dynastie der Afscharen, die noch weitere fünfzig Jahre über Teile Persiens herrschen sollten, konnten keinen nennenswerten Einfluss auf die iranische Geschichte ausüben. Keiner von ihnen konnte die Vormachtstellung des Iran gegenüber seinen Feinden behaupten, der Iran verlor mehrere kleinere Kriege und wurde durch innenpolitische Probleme geschwächt.

Kapitel Sieben – Der frühmoderne Iran

Karim Khan e-Zand

Nach dem Tod Nader Schahs versank Persien erneut im Chaos. Mehrere neue Akteure betraten die politische Bühne als Anwärter auf den Thron und versuchten, die Gunst der Stunde zu nutzen, als die Macht im Iran dezentralisiert wurde. Einer dieser Anwärter war Karim Beg, der Führer des kurdisch-irakischen Stammes der Zand. Die Zand waren in ihre historische Heimat, das Zagros-Gebiet, zurückgekehrt, nachdem sie von Nader Schah kurzzeitig nach Chorasan umgesiedelt worden waren. Schon bald begannen sie, ihre Herrschaft über die Nachbarländer geltend zu machen. Durch ein Bündnis mit dem lokalen Stamm der Bachtiaren wurde Karim Beg, der später den Titel eines Khans annahm, bald zum beherrschenden Akteur im West- und Zentraliran und machte die Stadt Schiras zu seinem Herrschaftssitz. Außerdem setzte er 1751 Ismail III., den Enkel von Schah Sultan Hosein, als neuen Safawiden-Schah in Isfahan ein. Obwohl Ismail nominell der neue Schah war, war er nur eine Marionette von Karim Khan e-Zand, der tatsächlich die Fäden in der Hand hielt.

Nachdem Karim Khan e-Zand zu großer Macht gelangt war, schaltete er seinen Verbündeten und Führer des Bachtiari-Stammes, Ali Mardan, aus. Damit wurde er zum alleinigen Regenten des jungen Schahs in Isfahan und konnte die iranische Politik weitgehend frei bestimmen. In den folgenden Jahren behauptete Karim Khan seine Herrschaft über fast den gesamten Zentral- und Westiran, nur die Provinz Chorasan blieb außerhalb seiner Reichweite. Sie wurde von den Nachfolgern Nader Schahs, den Afschariden, regiert.

Karim Khan regierte bis zu seinem Tod im Jahre 1779 und hatte kaum Gegner, zumindest nicht im eigenen Land. Der einzige Rivale, der Karim Khan ein Dorn im Auge war, waren die Kadscharen, ein Kizilbasch-Clan, der im Nordwesten Persiens, im heutigen Armenien und Aserbaidschan, lebte. Die Kadscharen hatten gegen Karim Khan gekämpft, nachdem dieser Ismail III. zum neuen Schah ernannt hatte, da sie den bedeutenden Status wiedererlangen wollten, den sie während der Safawidenzeit und der Herrschaft von Nader Schah innegehabt hatten. Karim Khan e-Zand gelang es Anfang 1763, die Kadscharen zu unterdrücken, indem er die Söhne des Stammesführers als Geiseln nahm, um sicherzustellen, dass die Kadscharen sich nie wieder gegen ihn erheben würden.

Obwohl die Dynastie Karim Khans nur von kurzer Dauer war, gelang es ihm, den Iran außenpolitisch maßgeblich zu beeinflussen. Seine Machtübernahme fiel mit einer verstärkten Präsenz europäischer Kolonialherren im Indischen Ozean zusammen, die der Herrscher der Zand-Dynastie schon früh in seiner Regierungszeit erkannte. So öffnete er 1763 die südiranische Hafenstadt Buschehr für die britische Ostindien-Kompanie. Dort organisierten die Briten ihre Operationsbasis und betrieben Handel in der Region. Um die iranische Kontrolle über das Meer weiter zu monopolisieren, führte Karim Khan e-Zand auch einen kurzen Krieg gegen die Osmanen und übernahm 1776 die Kontrolle über die Hafenstadt Basra.

Obwohl Karim Khan auf unkonventionelle und listige Weise an die Macht gekommen war, erwies er sich als erstaunlich guter Herrscher, der nach der Ermordung Nader Schahs viel zur Stabilisierung des Landes beitrug. Er wurde nie Schah, sondern behielt den Titel Vakil al-Raaya („Regent des Volkes"). Er übernahm die Verantwortung für den Safawiden-Schah in Isfahan und wurde selbst zu einem edlen Herrscher.

Der Herrscher von Zand war relativ bescheiden und ruhig, und seine Innenpolitik war sicherlich hilfreich für die iranische Gesellschaft, die von Nader Schah überfordert und ihrer traditionellen Religion beraubt worden war. Im Vergleich zu Nader Schah, einigen seiner Vorgänger und den Schahs, die nach ihm regierten, konnte Karim Khan e-Zand etwas positiver in die Geschichte eingehen, da er sich nicht ausschließlich auf die Kriegsführung konzentrierte, obwohl der Herrscher von Zand im Krieg recht erfolgreich war.

Der Aufstieg der Kadscharen-Dynastie

Ein Mann sollte die iranische Geschichte des späten 18. Jahrhunderts dominieren: der berüchtigte Agha Mohammed Khan, der in der chaotischen Zeit nach dem Tod von Karim Khan im Jahr 1779 zum Herrscher des Iran aufstieg. Agha (Aqa) Mohammed Khan war eine der Geiseln, die Karim Khan e-Zand von den Kadscharen genommen hatte, als er den Aufstand der Kadscharen in den 1750er Jahren niederschlug. Als ältester Sohn des Stammesführers der Kadscharen, Mohammad Hassan Khan Kadschar, wurde er nach dem Tod von Nader Schah im Jahr 1747 zunächst von den Afscharen gefangen genommen und kastriert, was ihm den Spitznamen Aqa einbrachte. Später wurde Agha Mohammed Khan von Karim Khan gefangen genommen und als Geisel nach Schiras gebracht, aber der Führer der Zand behandelte ihn sehr freundlich und respektierte seinen Status. Nach dem Tod Karim Khans floh Agha Mohammed Khan aus Schiras und begab sich nach Teheran, wo er begann, Anhänger um sich zu scharen, die für den ehrgeizigen Kadscharenprinzen kämpfen sollten.

Agha Mohammed Khan, der neue Anführer des Kadscharen-Clans, fand in Teheran große Unterstützung, die es ihm ermöglichte, die Provinz Masanderan an der Südküste des Kaspischen Meeres zu erobern. Agha Mohammed Khan festigte seine Macht weiter, indem er Anhänger von anderen Stammesführern anzog und Raubzüge in die benachbarte Region Gilan unternahm, während die Zand-Prinzen nach dem Tod von Karim Khan untereinander um die Vorherrschaft kämpften. 1784 kehrte er nach Masanderan zurück und verteidigte die Provinz gegen eine Invasion der Zand. Nach seinem Sieg eroberte er ein Jahr später Isfahan und Teheran. Bis 1786 hatte Agha Mohammed

Agha Mohammed Khan. [15]

Khan Teile von Zentral- und Nordiran entlang des Elburs-Gebirges vereint und war zu einer ernst zu nehmenden Macht geworden.

Nach der Eroberung Teherans brauchte Agha Mohammed Khan noch einige Jahre, um die restlichen persischen Gebiete zu vereinigen. Nach und nach besiegte er seinen Hauptgegner Lotf Ali Khan aus der Zand-Dynastie. Agha Mohammed besiegte dessen Armeen mehrmals und verfolgte seine fliehenden Feinde erbarmungslos. Schiras und Kirman fielen nacheinander, während die Zand-Armee verfolgt und brutal niedergemetzelt wurde. Der Herrscher der Kadscharen ließ seine Kriegsgefangenen enthaupten und befahl, aus ihren Köpfen eine Pyramide zu errichten, damit jeder wisse, dass er der einzig wahre Herrscher des Iran sei. Doch damit nicht genug: Nach Lotf Ali Khans kurzer Flucht in die nördlich von Kerman gelegene Stadt Bam ließ Agha Mohammed Khan die Bewohner der Stadt foltern, bis sie ihm verrieten, wo sich sein Feind versteckte.

Im Jahre 1795 hatte Agha Mohammed Khan Lotf Ali Khan beseitigt und damit das Ende der Zand-Dynastie herbeigeführt. Anschließend zog er nach Georgien und forderte König Heraklius II. auf, ihm die Treue zu schwören. Er überzog das Land mit Krieg und brachte ein nie gekanntes Ausmaß an Zerstörung über das georgische Gebiet. Erst nach der Eroberung Georgiens wurde Agha Mohammed Khan im März 1796 endgültig zum König des Iran gekrönt. Er unternahm einen weiteren Feldzug, diesmal nach Osten, um die Region Chorasan zu erobern, die noch von den afscharidischen Nachfolgern Nader Schahs gehalten wurde. Agha Mohammed Khan folterte den letzten afscharidischen Herrscher, Schah-Ruch, und vereinigte fast den gesamten Iran in den Grenzen, die unter Nader Schah bestanden hatten. Er war einer der erfolgreichsten Könige, denen dieses Kunststück gelang.

Doch wie Nader Schah wurde auch Agha Mohammed Khan von seinen eigenen Dienern getötet, die den brutalen iranischen Herrscher im Schlaf ermordeten. Denn er hatte versprochen, sie hinrichten zu lassen, nachdem sie den Schah verärgert hatten. So wurde in einer friedlichen Sommernacht des Jahres 1797 einer der rücksichtslosesten und erfolgreichsten Monarchen des Iran ermordet. Da er bereits seinen Neffen Fath-Ali Khan als Erben eingesetzt hatte, konnte der völlige Zusammenbruch des Landes verhindert werden. Die Dynastie der Kadscharen wurde durch Fath-Ali Khan fortgeführt, auch wenn der neue Schah mit einer Reihe von Problemen konfrontiert war, die seine Herrschaft überschatteten.

Iran und das imperialistische Europa

Obwohl Agha Mohammed Khan bereits zu Lebzeiten einen Erben bestimmt und damit eine große Nachfolgekrise, die nach seinem Tod im Reich ausgebrochen wäre, vermieden hatte, genoss der neue Schah nicht die uneingeschränkte Unterstützung seiner Untertanen. Fath-Ali Schah war nicht völlig unumstritten, da Prätendenten früherer Herrscherdynastien versuchten, sich gegen ihn aufzulehnen, wie etwa Agha Mohammed Khans Bruder Ali-Qoli Khan. Es gab auch einen kurdischen Kriegsherrn namens Sadeq Khan, Anführer des Schikak-Stammes, der ebenfalls versuchte, Teheran mit einer kleinen Armee zu belagern. Alle diese Anwärter wurden jedoch bis 1803 von den weitaus größeren Streitkräften des Schahs schnell vernichtet.

Fath-Ali erwies sich nicht als ganz so fähiger Herrscher oder Anführer wie sein verstorbener Onkel. Eine der ersten Entscheidungen des neuen Schahs bestand darin, Haddschi Ibrahim Schirazi, den *Kalantar* (Gouverneur) von Schiras und Großwesir, seines Amtes zu entheben. Während der Herrschaft von Agha Mohammed Khan war Haddschi Ibrahim eine Schlüsselfigur, die sich um die meisten Verwaltungsprobleme des Reiches kümmerte und zu einem der wichtigsten Berater des Schahs wurde. Er krönte Agha Mohammed Khan im Jahr 1796 und unterstützte später Fath-Ali Schah zu Beginn seiner Herrschaft. Dennoch wurde der *Kalantar* 1801 seines Amtes enthoben, nachdem Fath-Ali Schah die Sicherheit des Iran vor inneren Bedrohungen im Wesentlichen gewährleistet hatte. Haddschi Ibrahim wurde schließlich gefoltert und hingerichtet, wahrscheinlich weil er eine so mächtige Persönlichkeit war.

Die Entscheidung, einen so erfahrenen und versierten Politiker vom Hof zu entfernen, sollte sich für Fath-Ali Shah langfristig als kostspielig erweisen, da er seine Zeit als Schah hauptsächlich mit Dingen verbrachte, die nichts mit einer ordnungsgemäßen Amtsführung zu tun hatten. Er hielt übermäßig viele Zeremonien ab und war von der Kunst besessen. Er nutzte seine Autorität voll aus und gab das Geld aus der königlichen Schatzkammer verschwenderisch aus. Das kam den Schah teuer zu stehen, denn seine Herrschaft wurde durch die europäischen Interessen im Nahen Osten in Frage gestellt, die den altmodischen Iran in jeder Hinsicht als schwache Nation betrachteten und seine Schwächen auszunutzen versuchten.

Zu Beginn des 19. Jahrhunderts war Europa in die Napoleonischen Kriege verwickelt, aber die Kriege zwischen dem Frankreich Napoleon

Bonapartes und den anderen europäischen Mächten waren nicht auf Kontinentaleuropa beschränkt. Die direkten und indirekten Kämpfe fanden überall auf der Welt statt, auch im Iran, wo die Botschafter beider Konfliktparteien in Scharen eintrafen. Erschwert wurden diese europäischen diplomatischen Missionen durch den anhaltenden Krieg zwischen Persien und Russland, der 1804 wegen der umstrittenen kaukasischen Gebiete ausgebrochen war. Da Russland auch in Europa Krieg gegen Frankreich führte, schickten die Franzosen Anfang 1807 eine diplomatische Mission unter Claude Matthieu de Gardanne nach Teheran, in der Hoffnung, mehr persische Unterstützung gegen die Russen an der Kaukasusfront zu erhalten. Doch im Mai unterzeichneten Franzosen und Russen den Vertrag von Tilsit, der ihren Konflikt beendete und Verhandlungen mit dem Iran überflüssig machte. Dies eröffnete auch den anderen europäischen Mächten neue Möglichkeiten.

Großbritannien hatte ein besonderes Interesse an der persischen Außenpolitik, da die British East India Company in den letzten Jahrzehnten den indischen Subkontinent zu beherrschen begann. Die Briten wollten vor allem iranische Unterstützung in Afghanistan und strebten auch günstige Handelsabkommen an, um den billigen persischen Markt zu beherrschen. 1809 schlossen beide Seiten einen Vertrag, in dem Großbritannien Persien im Gegenzug für seine Forderungen Hilfe gegen Russland im Kaukasus versprach. Doch 1812 wurde der Vertrag praktisch annulliert, als Russland und Großbritannien ein neues Bündnis gegen Napoleon in Europa schlossen. All diese diplomatischen Manöver fanden statt, während die persischen Truppen an der Front von den Russen überwältigt wurden, was schließlich 1813 zum Vertrag von Gulistan führte. Fath-Ali Schah musste seine Niederlage im Krieg akzeptieren. Der Iran trat die Kontrolle über das Gebiet des heutigen Armeniens, Aserbaidschans und Georgiens an die Russen ab, was für die Iraner eine Demütigung darstellte, da sie fast ein Jahrzehnt lang gekämpft hatten. Darüber hinaus zwang Russland den Iran, seine Marinepräsenz im Kaspischen Meer aufzugeben, was die persischen Ambitionen in der Region weiter schwächte.

Diesem Vertrag folgte 1814 ein weiteres Abkommen, diesmal zwischen Persien und Großbritannien. Der neue Vertrag verpflichtete die Briten, Persien im Falle eines Angriffs einer anderen europäischen Macht zu Hilfe zu kommen, und legte fest, dass Persien im Gegenzug die Briten in Afghanistan unterstützen musste, falls diese sich zu einem Angriff entschließen sollten. Dieser Punkt galt nicht für beide Seiten, da sich die

Briten das Recht vorbehielten, im Falle eines Krieges zwischen Persien und dem afghanischen Emirat Neutralität zu erklären. Außerdem musste Persien gegen alle Kräfte vorgehen, die über sein Territorium nach Britisch-Indien eindringen wollten. Im Gegenzug stellte Großbritannien Kommandeure für die Ausbildung alter iranischer Militärkontingente zur Verfügung.

Es war jedoch offensichtlich, dass Persien von stärkeren Mächten ausgebeutet wurde, was die einheimische Bevölkerung verärgerte und sich negativ auf den Schah auswirkte. Im Jahr 1826 begann der Kronprinz Abbas Mirza einen unabhängigen Angriff auf Russland. Was Abbas Mirza „offiziell" dazu veranlasste, den Krieg gegen die Russen wiederaufzunehmen, war die wachsende Unzufriedenheit und die Einwanderung muslimischer Untertanen aus den verlorenen kaukasischen Gebieten, die vom orthodoxen Russland gewaltsam zum Christentum bekehrt worden waren, in die vom Iran kontrollierten Gebiete. Zar Alexander I. hatte auch beschlossen, seine Truppen in die armenischen Gebiete zu verlegen, die noch unter iranischer Kontrolle standen. Der persische Kronprinz hatte den unerfüllten Wunsch, sich von seinen Brüdern abzugrenzen, da er im vorangegangenen Krieg gegen Russland keine Fortschritte erzielt hatte und sich nach der Niederlage gedemütigt fühlte.

Diesmal konnten die Perser bei ihrer unerwarteten Invasion im Juni 1826 erste Fortschritte erzielen, aber die Stärke der russischen Armee erwies sich als zu groß. Die Truppen des Zaren starteten bald eine Gegenoffensive und drängten Abbas Mirza zurück. Fath-Ali Schah zögerte unterdessen, dem Kronprinzen zu Hilfe zu kommen. Der Vertrag von Turkmenchai, den beide Seiten im Februar 1828 unterzeichneten, verpflichtete Persien zu Kriegsreparationen in Höhe von bis zu zwanzig Millionen Rubel – eine Summe die das Land, das ohnehin finanziell litt, weiter belastete.

Nach dem Ende des Krieges mischte sich Russland zunehmend in die iranische Innenpolitik ein, was schließlich zu einem der berüchtigtsten Zwischenfälle führte, der vielleicht zum ersten Mal das Gefühl der Unzufriedenheit und des Misstrauens der Iraner gegenüber ausländischen Mächten, die sich in die inneren Angelegenheiten des Landes einmischten, weckte. Der Vorfall ereignete sich, nachdem der neue russische Botschafter Alexander Gribojedow, der für seine Abneigung gegen Menschen aus dem Nahen Osten und Asien berüchtigt war, im Februar 1829 in Teheran eingetroffen war. Gribojedow wurde vom Schah und seinem Hofstaat empfangen, doch vor der russischen Botschaft in Teheran protestierten persische Massen gegen seine Ankunft. Auslöser für die Eskalation der Feindseligkeit war ein Zwischenfall mit zwei entflohenen armenischen Frauen und einem Eunuchen aus dem Harem des Schahs Fath-Ali, die aus irgendeinem Grund in der Botschaft Zuflucht gesucht hatten.

Der Schah verlangte ihre Auslieferung. Gribojedow weigerte sich. Gemäß einer Bestimmung des Vertrags von Turkmenchai hatten die georgischen und armenischen Untertanen Persiens das Recht, in ihre Heimat zurückzukehren, und der russische Botschafter wollte sie mitnehmen. Dies veranlasste die bereits von antirussischen Ressentiments erfüllte Menge vor der Botschaft, in diese einzudringen, das russische Personal zu überwältigen und alle zu töten, auch Gribojedow. Seine Leiche wurde aus dem Fenster geworfen und von der Menge verstümmelt.

Trotz dieser extremen Verletzung und Misshandlung von Diplomaten, die für Russland Grund genug war, erneut in den Krieg gegen Persien einzutreten, musste der Zar die Entschuldigung Fath-Ali Schahs widerwillig annehmen, da er sich bereits in einem Konflikt mit den Osmanen befand und nicht riskieren konnte, eine weitere Front zu eröffnen. Dennoch sollte die Ermordung Gribojedows und der übrigen Mitglieder der russischen Delegation einer der ersten Fälle gewaltsamer Manifestation iranischer Fremdenfeindlichkeit werden.

Im weiteren Verlauf des Jahrhunderts mischten sich Großbritannien und Russland immer wieder in die inneren Angelegenheiten Persiens ein und nahmen Einfluss auf das Land. So intervenierten Briten und Russen 1833 und 1834 nach dem Tod des Kronprinzen (Abbas Mirza) und Fath-Ali Schahs, um zu verhindern, dass Persien erneut in einen dynastischen Erbfolgekrieg abrutschte. Sie unterstützten den Sohn von Abbas Mirza, Muhammad Mirza, der schließlich Schah wurde, gegen seinen Onkel.

Muhammad Schah, der seinem Großwesir Haddschi Mirza Aqasi großes Vertrauen entgegenbrachte, war für die Europäer weitaus schwieriger zu manipulieren. Der neue Schah der Kadscharen führte einen Feldzug gegen Herat und belagerte die Stadt 1837 mit etwa vierzigtausend Mann. Die Briten waren sich der Situation bewusst und betrachteten die persische Expansion nach Herat als Bedrohung ihrer Interessen in der Region. Sie entsandten einen ihrer Offiziere, um die Verteidigung der Stadt zu organisieren, und rieten dem Schah, keinen Angriff auf die Stadt zu unternehmen. Als Muhammad Schah nicht nachgab, besetzten die Briten die Insel Charg im Persischen Golf und drohten mit einer Invasion des Iran, woraufhin der Schah seine Offensive aufgab und sich zurückzog.

Die Europäer spielten auch in den folgenden Jahren eine wichtige Rolle bei der Schlichtung der Konflikte zwischen Persien und dem Osmanischen Reich. Nach jahrelangen Verhandlungen einigten sich beide Seiten 1847 auf den Vertrag von Erzurum, der die Grenzstreitigkeiten zwischen den beiden muslimischen Mächten regelte.

Im Großen und Ganzen jedoch erstickte das zunehmende Engagement Russlands und Großbritanniens in persischen Angelegenheiten das Land, und die Kadscharen-Monarchen hatten weniger Spielraum, um sich dem politischen Druck der Europäer zu entziehen. Tatsächlich wurde der Iran langsam zum Opfer des europäischen Kolonialimperialismus, da Briten und Russen die relative „Rückständigkeit" Persiens zu ihrem eigenen Vorteil ausnutzen wollten. Persien war weniger industrialisiert und daher stark vom Export von Rohstoffen abhängig, anstatt sich auf die heimische Produktion oder Fertigung zu verlassen. Dies machte Persien zu einem leichten Ziel für technologisch fortschrittlichere Mächte, die die Schwächen Irans schnell ausnutzten und zu einer der zwiespältigsten Perioden in der iranischen Geschichte führten.

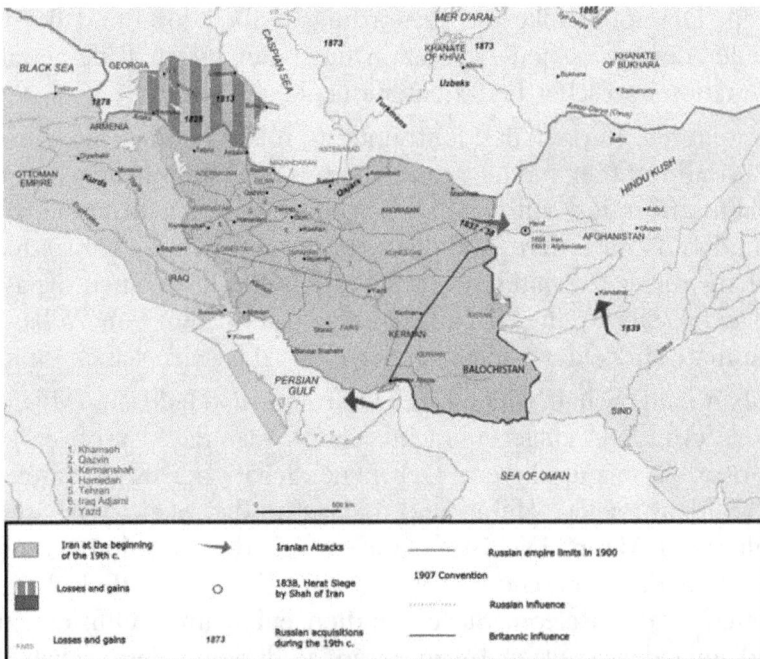

Karte des Iran unter den Kadscharen. [16]

Amir Kabirs Reformen

Nach dem Tod von Muhammad Schah im September 1848 wurde Naser al-Din Schah neuer Monarch von Persien. Mit der Thronbesteigung des ehrgeizigen Sechzehnjährigen begannen die ersten Reformversuche im Persien der Kadscharen. Vor Naser al-Din war Persien, ähnlich wie sein muslimischer Nachbar, das Osmanische Reich, nach europäischen Maßstäben ziemlich rückständig. Das Bildungsniveau war niedrig, und die Mitglieder der Gesellschaft genossen nur begrenzte Freiheiten, die nur mit den schiitischen Gesetzen vereinbar waren. Beiden Nationen fehlte ein starker industrieller Kern, und ihre traditionell starke und zahlenmäßig große Armee war nicht modernisiert.

Es wurden Schritte unternommen, um einige dieser Probleme anzugehen, aber sie funktionierten nur teilweise. So hatten die Perser unter Abbas Mirza britische Offiziere ins Land geholt, um die Armee auszubilden, und die Mittel aufgestockt, wurden aber schließlich aufgrund mangelnder technischer Ausstattung von den Russen vernichtend geschlagen, die selbst keineswegs über eine hochdisziplinierte Armee verfügten. Im Bildungsbereich wurden Anstrengungen unternommen, mehr Studenten ins Ausland zu schicken, um sie in Großbritannien und Frankreich auszubilden, was sich positiv auswirkte. Der aus Oxford zurückgekehrte Mirza Saleh gründete 1837 die erste iranische Zeitung und trug damit wesentlich zur Verbreitung seines in Europa erworbenen Wissens bei.

Unter Naser al-Din Schah nahm die Reformation in Persien erst richtig Fahrt auf. Der Schah setzte sein ganzes Vertrauen in seinen Mentor und Großwesir Mirza Taghi Khan, der die Rolle des Regenten übernommen hatte und als Amir Kabir bekannt war. Amir Kabir hatte sich bereits als politische Persönlichkeit bewährt, als er in die Regierungsränge aufstieg, nachdem er an einigen der wichtigsten Entwicklungen des Landes teilgenommen hatte. So war er Mitglied einer Delegation, die Zar Nikolaus I. in St. Petersburg besuchte, um sich offiziell für die Ermordung russischer Diplomaten im Jahr 1829 zu entschuldigen. In Russland lernte Amir Kabir den modernen russischen Regierungs- und Verwaltungsstil, die Gesellschaft, die Industrie und das kulturelle Leben kennen. Amir Kabir war auch an der Ausarbeitung des Vertrags von Erzurum mit dem Osmanischen Reich beteiligt. Insgesamt hatte er eine modernere Vision für die Entwicklung des Landes entwickelt und war vielleicht der richtige Mann, um die Reformen zu leiten.

Amir Kabir war sich bereits vor seiner Ernennung zum Premierminister der militärischen Bedürfnisse des Landes bewusst. Während seiner Zeit als Militärkommandant in Aserbaidschan beaufsichtigte er die Verwaltung der dort stationierten persischen Armeekontingente. Eine seiner wichtigsten Initiativen war die Unterstützung bei der Umschulung des Kerns der persischen Armee, die noch aus Einheiten verschiedener Stämme bestand. Zu diesem Zweck führte Amir Kabir ein neues Wehrpflichtsystem ein und zahlte den Sold direkt an die Soldaten aus, anstatt ihn den Offizieren anzuvertrauen. Um die Ausbildung der Truppen zu diversifizieren und die Abhängigkeit Persiens von Großbritannien und Russland zu verringern, lud Amir Kabir neue, erfahrene Offiziere aus Österreich und Italien ein, um ihr Wissen mit seinen Offizieren zu teilen. Schließlich strebte er den Aufbau einer starken Rüstungsindustrie in Persien an, die er für die Aufrechterhaltung einer schlagkräftigen Armee für unerlässlich hielt.

Amir Kabir führte radikale Veränderungen im Finanz- und Verwaltungssystem Persiens durch. Die Korruption war so weit verbreitet, dass sie die Effizienz der Institutionen des Landes fast zunichtegemacht hatte. Um mehr Geld in die königliche Staatskasse zu bekommen, reduzierte der Premierminister die Zahl der Staatsbeamten drastisch und kürzte die Gehälter derer, die blieben. In der Folge wurden die staatlichen Pensionen für diejenigen, die wenig zur Regierung beitrugen, gekürzt und der Zugang des königlichen Harems zu staatlichen Geldern eingeschränkt – eine Maßnahme, die bei den hochrangigen Persönlichkeiten am Hof des Schahs äußerst unpopulär war.

Amir Kabir verfolgte auch eine interventionistische Politik in der Staatswirtschaft, indem er die Zölle regulierte (die nun von der Regierung und nicht mehr von einzelnen Händlern erhoben wurden), Marktkulturen wie Zuckerrohr und Baumwolle subventionierte und das Steuersystem reformierte. Landbesitzer wurden nun nach ihrer Produktivität und nicht mehr nach der Größe ihres Grundbesitzes besteuert. Diese Veränderungen ermutigten mehr Menschen, sich der Landwirtschaft zu widmen, was zu einer starken Entwicklung des Agrarsektors führte, von der letztlich die Mittel- und die untere Mittelschicht des Landes profitierten. Die Reformen des Premierministers führten auch zu einem Anstieg der lokalen Warenproduktion, was den Bau neuer Fabriken und die Einführung neuer Techniken für die Herstellung verschiedener Produkte zur Folge hatte.

Um sicherzustellen, dass die Menschen im Reich über die neuen staatlichen Veränderungen auf dem Laufenden waren, gab Amir Kabir ein Regierungsblatt heraus, das weite Verbreitung fand. Die Zeitung berichtete über die neuen Regelungen sowie über lokale und ausländische Entwicklungen. Amir Kabir förderte die Schaffung und Veröffentlichung neuer literarischer Werke persischer Autoren.

Das Juwel unter den Errungenschaften von Amir Kabir war die Gründung von Dar-ül Fünun, der ersten Hochschule im Iran überhaupt, die 1851 eröffnet wurde. Diese technische Hochschule in Persien wurde vollständig von der Regierung und dem Militär finanziert und war darauf spezialisiert, junge persische Männer aus der Oberschicht, die ihre Grundschulausbildung bereits abgeschlossen hatten, in verschiedenen Disziplinen zu unterrichten. Der Unterricht wurde hauptsächlich von ausländischen Lehrern erteilt, die die Jungen in Französisch und Persisch unterrichteten. Dar-ül Fünun bildete die Jugend in militärischen, medizinischen, technischen, historischen, mathematischen, sprachlichen und vielen anderen Fächern aus. Es war eine revolutionäre Einrichtung, die wesentlich zur Modernisierung Persiens beitrug. Ein Nebeneffekt war die Gründung weiterer Hochschulen im ganzen Land in den folgenden Jahrzehnten.

Amir Kabirs größtes Hemmnis und der Grund für seinen endgültigen Untergang war sein Versuch, gegen die Ulama und das Rechtssystem des Landes vorzugehen, das von korrupten religiösen *Mudschatahids* - schiitischen Imam-Juristen, die die Hauptmacht in den Gerichten innehatten - durchsetzt war. Die Ulama zögerten bereits, ihre volle Unterstützung für die Kadscharen-Dynastie zu erklären, da sie sich im Besitz eines göttlichen Rechts zur Herrschaft über Persien sahen - eine Haltung, die schon seit geraumer Zeit bestand und Amir Kabir beunruhigte. Er versuchte daher, seinen Einfluss auf das Justizsystem geltend zu machen, indem er korrupte Richter absetzte und bestrafte und diejenigen, denen er vertraute, persönlich in höhere Positionen der muslimischen Gerichtsbarkeit berief. Kurzum, Amir Kabir sorgte dafür, dass es den *Mudschatahids* unmöglich war, wichtige rechtliche Entscheidungen ohne seine indirekte Zustimmung zu treffen. In der Folge wurde es den Ulama auch verboten, *Bast* zu gewähren - ein Verfahren, mit dem religiöse Amtsträger verurteilte Verbrecher „retteten", indem sie sie in Moscheen und religiöse Schreine schickten. Diese Entscheidung trug dazu bei, die Korruption auf allen Ebenen des Justizsystems auszumerzen.

Amir Kabirs ehrgeizige, aber erfolgreiche Politik reichte jedoch nicht aus, um ihn lange an der Macht zu halten. Da der junge und unerfahrene Schah noch nicht bereit war, allein zu regieren, hatte der Premierminister freie Hand bei der Durchführung von Reformen, von denen viele von den eher traditionalistischen Kräften des Landes als radikal empfunden wurden. Sein hartes Durchgreifen gegen hochrangige Bürokraten, Mitglieder des königlichen Hofes und die Ulama führte letztendlich zur Bildung einer Fraktion, die den Premierminister schließlich absetzte.

Im November 1851, nur etwa drei Jahre nach seiner Ernennung zum Großwesir, entließ Naser al-Din Schah unter dem Einfluss der Königinmutter und anderer Mitglieder der Anti-Amir-Kabir-Fraktion den Minister, dessen Reformen Persien tatsächlich auf den Weg der dringend benötigten Modernisierung und Entwicklung gebracht hatten. Naser al-Din Schah degradierte den ehemaligen Premierminister zum Armeechef und schickte ihn nach Kaschan, wo er von seinen Truppen verhaftet wurde. Diese Entscheidung war ein Schock für den russischen Botschafter, der besonders über den neuen Premierminister Mirza Aqa Khan Nuri besorgt war, den die Russen für zu pro-britisch hielten. Dies sollte sich als Todesurteil für Amir Kabir erweisen, denn der junge Schah wurde darüber informiert, dass die Russen die Entsendung eines kleinen Truppenkontingents planten, um den ehemaligen Premierminister unter ihren Schutz zu stellen. Im Januar 1852 wurde Amir Kabir, der Mann, der versucht hatte, den Iran zu reformieren, auf Befehl des Schahs hingerichtet.

Die Reaktion auf die Reform

Mirza Aqa Khan Nuri wurde als Nachfolger von Amir Kabir neuer Premierminister des Schahs. Er gehörte zu den Mitgliedern der Gruppe, die Naser al-Din Shah beeinflusst hatten, um das Regime von Amir Kabir zu beenden. Aqa Khan Nuris Amtszeit markierte den Beginn einer reaktionären Phase der von seinen Vorgängern eingeleiteten Reformen. Der neue Premierminister war politisch nicht so geschickt wie Amir Kabir. Die ersten Jahre seiner Amtszeit führten Persien in eine kritische Phase, in der das Land nicht in der Lage war, eine günstigere Position auf der internationalen Bühne einzunehmen.

Der neue Premierminister, der möglicherweise versuchte, einige der ehemaligen westlichen Gebiete des Iran zurückzugewinnen, zögerte, seine Neutralität im Krimkrieg zu erklären. Er wollte in das Osmanische Reich einmarschieren, als dieses in einen Konflikt mit Russland verwickelt war. Letztlich wurde Persien nicht in den Krieg hineingezogen, der mit der

Niederlage Russlands endete. Doch Aqa Khan Nuris Vorgehen zerstörte für immer die Beziehungen zu den Briten, die das Osmanische Reich im Krieg unterstützt hatten. Es folgte ein Skandal um den britischen Botschafter in Persien, der Ende 1855 zum Abbruch aller diplomatischen Beziehungen der europäischen Großmacht mit dem Land im Nahen Osten führte.

Aqa Khan Nuri traf die fatale Entscheidung, die Afghanen in Herat anzugreifen. Dieses Mal wurde die Stadt im Oktober 1856 eingenommen. Doch mit den Briten war nicht zu spaßen. Als Reaktion auf das Vorgehen der persischen Regierung erklärte Großbritannien im November den Krieg. Es überrascht nicht, dass das britische Militär die Perser mit Leichtigkeit überwältigte und ihnen mehrere Niederlagen beibrachte. Die Briten besetzten zunächst die Insel Charg und landeten dann im Januar 1857 in Buschehr, wo sie den persischen Widerstand zerschlugen und sich praktisch freien Zugang zum Kernland verschafften.

Naser al-Din war gezwungen, um Frieden zu bitten, der im April von Napoleon III. von Frankreich vermittelt wurde. Zum Glück für die besiegten Perser wollten die Briten ihren Sieg nicht voll ausnutzen, da sie befürchteten, dass dies die Perser dazu veranlassen würde, sich den Russen anzuschließen, was ihren Interessen in der Region schaden würde. So wurde Persien lediglich gezwungen, Herat und alle seine Ansprüche auf afghanische Gebiete aufzugeben; Kriegsentschädigungen musste Persien nicht zahlen. Nach den Friedensverhandlungen nahmen die Briten ihre diplomatischen Aktivitäten in Teheran wieder auf.

So begann die Amtszeit von Aqa Khan Nuri mit einem herben Rückschlag. Der Schah glaubte, dem neuen Premierminister genügend Zeit gegeben zu haben, um etwas Sinnvolles zu tun, und entließ ihn Anfang 1858 aus seinem Amt. Nach der Entlassung von Aqa Khan Nuri kümmerte sich Naser al-Din Schah für kurze Zeit verstärkt um die Regierungsgeschäfte seines Landes und überwachte direkt einige der wichtigen Prozesse, die in den 1860er Jahren stattfanden. Die wichtigste Entwicklung dieser Zeit war der Bau der ersten persischen Telegrafenlinie, die Teheran mit Teilen des südlichen Iran verband.

Leider war diese Zeit für Persien auch von unglücklichen Entwicklungen geprägt, die der Schah nur schwer bewältigen konnte. Eine Hungersnot suchte das Land heim, da die Agrarexporte zurückgingen; Dürren und Missernten verschärften die Lage zusätzlich. Noch gravierender war, dass Russland in Zentralasien große Fortschritte machte und Ende der 1860er Jahre im Nordosten an den Iran angrenzende

Gebiete eroberte, was nicht nur Persien, sondern auch Großbritannien beunruhigte, dessen Position in der Region durch die russische Präsenz zunehmend in Frage gestellt wurde.

In den 1870er Jahren erschien eine neue Figur auf der politischen Bühne Persiens, die versuchte, die Modernisierung voranzutreiben. Mirza Hosein Khan Moshir od-Dowleh war ein erfahrener Diplomat, der während seiner Zeit als Konsul in Tiflis und später als Botschafter in Istanbul – in der erfolgreichsten Zeit der Tanzimat-Reform des Osmanischen Reiches – viel Erfahrung gesammelt hatte. Nachdem Moshir od-Dowleh die Fortschritte der Osmanen in den letzten Jahren miterlebt hatte, wurde er zu einem begeisterten Anhänger der Verwestlichung und zu einem der größten Verfechter des iranischen Nationalismus und der Modernisierung, was ihm in den Augen der gleichgesinnten persischen Intelligenz einen hervorragenden Ruf einbrachte. Seit seiner Ernennung zum Botschafter im Jahr 1870 unterhielt er enge Beziehungen zu Naser al-Din Schah, dem er in Briefen die soziopolitischen und wirtschaftlichen Entwicklungen im Osmanischen Reich beschrieb und die Fortschritte lobte, die die Regierung des Sultans durch die Übernahme westlicher Ideen erzielt hatte. Dies führte schließlich dazu, dass er den Schah Ende 1870 nach Bagdad begleitete, wo sich Naser al-Din mit eigenen Augen von den Modernisierungsfortschritten der Osmanen überzeugen konnte. In den folgenden Jahren ernannte ihn der Schah, begeistert von diesem Anblick und beeindruckt von Moshir od-Dowleh, zu seinem neuen Premierminister.

Obwohl der neue Premierminister entschlossen war, das Land zu reformieren, und tatsächlich einige Änderungen im Verwaltungs- und Rechtssystem des Landes vornahm, unterschieden sich seine Amtszeit und die von ihm durchgeführten Reformen erheblich von der Amtszeit Amir Kabirs. Der Hauptunterschied bestand darin, dass Moshir od-Dowleh ein Befürworter der Förderung ausländischer Beteiligung an iranischen Angelegenheiten zu sein schien. Zum Beispiel wollte der neue Premierminister die persische Wirtschaft verbessern, aber er wandte sich an die Briten, um sein Ziel zu erreichen. Am deutlichsten wurde diese Haltung, als Moshir od-Dowleh kurz nach seinem Amtsantritt auf die so genannte Reuter-Konzession drängte.

Die Konzession, die schließlich 1872 zwischen Naser al-Din Schah und dem britisch-jüdischen Geschäftsmann und Bankier Baron Julius de Reuter unterzeichnet wurde, gewährte Reuter für die nächsten siebzig

Jahre das Exklusivrecht und praktisch die vollständige Kontrolle über den Bau und die Entwicklung von Telegrafen, Straßen, Bergwerken, Eisenbahnen, Dämmen und anderen öffentlichen Bauten in Persien. Obwohl der Premierminister die Konzession in der guten Absicht vorgeschlagen hatte, dringend benötigte Hilfe für die Entwicklung der Infrastruktur und der Industrie des Landes zu erhalten, war Reuters Konzession eine ungeheuerliche Ausbeutung der persischen Ressourcen. Das Abkommen ähnelte dem, was die Briten ihren kolonisierten Gebieten aufzwangen.

Die Reuter-Konzession erwies sich für Moshir od-Dowleh als katastrophal und schadete dem Ansehen des Schahs in den Augen der iranischen Bevölkerung, die das Dekret als Verletzung ihrer Souveränität ansah. Der Premierminister hatte sich wahrscheinlich für das Zugeständnis entschieden, weil er in Großbritannien einen potenziellen Beschützer Persiens vor Russland sah. Zu dieser Ansicht war er wahrscheinlich gekommen, nachdem er die protektionistische Rolle der Briten gegenüber den Osmanen während der Tanzimat-Ära beobachtet hatte.

Es überrascht nicht, dass die allgemeine Empörung, der Druck der Russen und sogar die Weigerung der britischen Regierung, ein so kostspieliges Unternehmen eines Privatunternehmers zu finanzieren, die Reuter-Konzession nutzlos machten. Ein Jahr nach der Unterzeichnung kündigte Naser al-Din Schah den Vertrag. Die Kündigung löste jedoch keines der Probleme Persiens. Sie führte zwar zu einem Wiederaufflammen fremdenfeindlicher Gefühle, aber Teile der iranischen Bevölkerung unterstützten zunehmend ein Engagement Russlands oder Großbritanniens in der persischen Wirtschaft und Politik, da sie dies für den richtigen Weg für ihr Land hielten.

Das Land war bankrott, anfällig für weitere Ausbeutung durch externe Akteure und nicht in der Lage, Veränderungen durchzusetzen, die sich positiv auf das Land ausgewirkt hätten. Da half es auch nicht, dass Naser al-Din Schah nach der Reuter-Konzession dreimal nach Europa reiste, was die Staatskasse weiter belastete. Die Bürokraten und die religiöse Elite kehrten zu ihren korrupten Praktiken zurück und trugen wenig dazu bei, dass Persien auf Kurs blieb.

Obwohl Persien in den 1890er Jahren nicht in Kriege mit anderen Ländern verwickelt war, wurde es zunehmend von ausländischen Interventionen abhängig. Die 1879 in Teheran gegründete russische Kosakenbrigade übernahm die Kontrolle über das persische

Militärsystem. Sie ermöglichte es russischen Offizieren, zu den einflussreichsten Kommandeuren der Armee aufzusteigen. In der Zwischenzeit gelang es dem reichen Baron Reuter, seinen Einfluss auf den Schah durch die Gründung der Imperial Bank of Persia, die 1889 eröffnet wurde, geltend zu machen. Die Bank wurde von Großbritannien geleitet und kontrolliert. Sie fungierte als Staatsbank und besaß das alleinige Recht zur Herstellung von Banknoten, womit sie praktisch ein Monopol auf Finanzdienstleistungen in Persien hatte.

Kapitel Acht – Die Geburt des modernen Iran

Der Tabakprotest

Die zweite Hälfte des 19. Jahrhunderts war für Persien eine äußerst turbulente Zeit. Zum ersten Mal seit langer Zeit wurde die Macht und Legitimität des Schahs in Frage gestellt. Die Wirtschaft lag praktisch brach, da sie vom Export billiger Rohstoffe abhängig war. Das Land hinkte in der Industrialisierung hinterher und hatte weiterhin infrastrukturelle Probleme, die sich auf die regionale Anbindung auswirkten. Schließlich beeinflussten die europäischen Mächte die politischen und sozioökonomischen Entwicklungen in Persien stärker als zuvor und beuteten Regierung und Bevölkerung in vielfältiger Weise aus. Alles in allem sah die Zukunft nicht vielversprechend aus. Dennoch sollte in Persien ein Ereignis stattfinden, das weithin als Weichenstellung für die Entstehung des modernen iranischen Nationalstaates, wie wir ihn heute kennen, angesehen wird.

Ende 1889 war die persische Staatskasse bankrott, was zum Teil auf den dritten extravaganten Europa-Besuch von Naser al-Din Shah zurückzuführen war, der zu einem der lukrativsten Geschäfte in der Geschichte des Iran geführt hatte. Es war fast so groß wie die Reuters-Konzession, die in den 1870er Jahren gescheitert war, aber in gewisser Weise die britische Kontrolle über das persische Bankensystem manifestiert hatte. Im März 1890 unterzeichnete der Schah, der nichts aus den Fehlern der Vergangenheit gelernt hatte und verzweifelt nach

Möglichkeiten suchte, die Wirtschaft am Laufen zu halten, ein Dokument, das dem britischen Major Gerald Talbot über fünfzig Jahre das vollständige Monopol auf die Produktion, den Vertrieb und den Export des persischen Tabaks einräumte. Im Gegenzug für 25 Prozent aller Gewinne, die Major Talbot erzielte, und eine feste jährliche Zahlung wurde die Imperial Tobacco Corporation gegründet, die den Lauf der iranischen Geschichte für immer verändern sollte.

Es ist nicht verwunderlich, dass die Vergabe solcher Exklusivrechte an einen britischen Staatsbürger für die lokale Bevölkerung und den Markt von großer Bedeutung war, da Tabak eines der am häufigsten konsumierten Produkte war. Als die Verhandlungen abgeschlossen waren und sich die Nachricht von der Konzession verbreitete, meldeten sich Kritiker aus allen Gesellschaftsschichten zu Wort, vom einfachen Verbraucher über reiche Tabakhändler bis hin zu Mitgliedern der Intelligenzija. Sie betrachteten die Imperial Tobacco Corporation als ein weiteres Beispiel unerwünschter ausländischer Einmischung in das persische Leben. Im Frühjahr 1891 kam es zu Protesten, als Mitarbeiter der Firma auf den persischen Basaren auftauchten. Die lokalen Tabakproduzenten und -händler weigerten sich, ihre Arbeit einer ausländischen Firma zu überlassen. Die Händler wurden bald von den schiitischen Ulama unterstützt, die der Meinung waren, dass sie im Sinne der wahren nationalen Interessen des Landes handelten, die im Islam verwurzelt waren und eine ausländische Beteiligung in diesem Ausmaß nicht zuließen. Darüber hinaus standen die neuen Regelungen in direktem Widerspruch zur Scharia, da sie den einheimischen Händlern das Recht nahmen, ihren jahrhundertealten Handel fortzusetzen. Auch die Ulama waren empört, denn die Tabakkonzessionen würden ihnen finanziell schaden, da Mitglieder der religiösen Elite enge Beziehungen zu den reichen Kaufmannsfamilien des Landes unterhielten; Die Ulama erlaubten ihnen sogar, Tabak auf dem Land der Geistlichen anzubauen. Ende April protestierte fast ganz Persien.

Großstädte wie Teheran und Schiras wurden zu Zentren der Proteste. Die Regierung von Naser al-Din versuchte, die Revolten zu unterdrücken, indem sie lokale Führer verhaftete und die Händler zwang, die städtischen Basare wieder zu öffnen. Schließlich vertrauten die empörten Demonstranten einem prominenten schiitischen Mudschaheddin namens Mirza Hasan Schirazi. Schirazi, der eine angesehene Position innehatte, schrieb persönlich einen Brief an Naser al-Din Schah, in dem er seine Meinung über die Entscheidung des Schahs äußerte, die Tabakkonzession kritisierte und den Schah aufforderte, seine Entscheidung zurückzunehmen. Als sein Brief nicht die gewünschte Wirkung zeigte, erließen Schirazi und die Ulama, die gegen die Konzession waren, im Dezember 1891 eine Fatwa (ein Rechtsgutachten nach islamischem Recht), in der sie das Vorgehen des Schahs verurteilten und den Tabakkonsum für die Anhänger der Zwölfer-Schia zu einem Verbrechen erklärten. Sie wollten die Menschen vom Tabakkonsum abhalten und damit das neu erworbene britische Monopol unwirksam machen.

Die Fatwa wurde in den großen Städten des Landes weit verbreitet und spielte die wichtigste Rolle im Kampf der Bevölkerung gegen die Tabakkonzession. Nicht nur boykottierten Hunderttausende, darunter die dem Schah am nächsten stehenden Haremsdamen und Höflinge, den Tabakkonsum, sondern auch viele Landbesitzer, die Tabak anbauten, verbrannten ihre Vorräte, um sich der britischen Übernahme zu widersetzen. Die Wahrheit ist, dass die Ulama im Persien des späten 19. Jahrhunderts eine sehr einflussreiche Macht waren, so dass die Menschen ein religiöses Verbot von allem respektierten, sogar von Tabak, der als lebenswichtig galt. Selbst in den Moscheen wurde geraucht.

Da gegen die Mehrheit der Bevölkerung nichts auszurichten war und Naser al-Din Schah erkannte, dass er eine törichte und verzweifelte Entscheidung getroffen hatte, willigte er im Januar 1892 ein, den Vertrag zu kündigen. Er stand unter dem Druck tausender landesweiter Proteste, die von Tag zu Tag zunahmen. Es war offensichtlich, dass der Rückzug aus dem Vertrag den Monarchen übermäßig viel Geld kostete. Er musste den Briten 500.000 Pfund zahlen. So viel Geld hatte er nicht, also musste er es sich bei russischen und britischen Banken leihen.

Der Tabakprotest zeigte deutlich den Willen des iranischen Volkes, sich den imperialistischen Wünschen ausländischer Mächte zu widersetzen. Er zeigte auch den Einfluss der religiösen Elite. Obwohl dieses Ereignis in der iranischen Geschichte weithin als eine pro-nationalistische Entwicklung angesehen wird, muss rückblickend festgestellt werden, dass den Protesten der Zusammenhalt und die Einheit der späteren Bewegungen, die den iranischen Nationalstaat hervorbrachten, fehlten. Obwohl die Mehrheit der Bevölkerung gegen die Umsetzung der Tabakkonzession war, gab es immer wieder Fraktionen, die sie entweder unterstützten oder die Veränderungen nicht in gleichem Maße boykottierten. Naser al-Din, der ein schwacher und leicht manipulierbarer Herrscher war, soll zwar Zweifel an der Umsetzung der Konzession gehabt haben, hatte sie aber möglicherweise zunächst durchgeführt, um die Briten nicht zu verärgern. Die Bevölkerung hingegen war motiviert, auf die Straße zu gehen, weil sie die Fremdherrschaft verachtete und befürchtete, dass das britische Tabakmonopol viele von ihnen in die Armut treiben würde. Die Proteste waren also nicht wirklich eine Gelegenheit für die Bevölkerung, ihren Nationalismus zu demonstrieren, zumindest nicht im vollen Sinne des Wortes.

Historiker haben auch die Rolle der Russen bei der Anstiftung und Motivation der Demonstranten identifiziert, da St. Petersburg die Konzession natürlich als Bedrohung seiner eigenen Interessen betrachtete und sich dagegen wehren wollte, bevor sie sich ausreichend manifestieren konnte. Dennoch hatte der Tabakprotest Auswirkungen auf die iranische Bevölkerung und ihre Einstellung gegenüber der Präsenz ausländischer Mächte in ihrem Leben.

Die konstitutionelle Revolution

Das Debakel um die Tabakkonzession hatte weitere negative Auswirkungen auf Persien, sowohl in wirtschaftlicher als auch in sozialer Hinsicht. Die zunehmende Instabilität und die Unfähigkeit Naser al-Din Schahs, die Krisen seines Landes zu lösen, führten zu einem wachsenden Hass der Bevölkerung auf die Kadscharen-Monarchie. Im Mai 1896, als der Schah den Beginn seines fünfzigsten Regierungsjahres feiern wollte, wurde Naser al-Din erschossen. Sein Sohn, Kronprinz Mozaffar ad-Din, sollte neuer Herrscher Persiens werden. Nachdem er bereits als Gouverneur von Aserbaidschan gedient hatte, bestieg Mozaffar ad-Din den Thron in der Hoffnung, die Fehler seines Vaters wiedergutzumachen. Während seiner 35-jährigen Amtszeit als Gouverneur hatte er sich jedoch immer stark auf seine Gefolgsleute verlassen. Der neue Schah versuchte zunächst, seinen eigenen Premierminister anstelle von Ali Asghar Khan Amin al-Soltan, der unter Naser al-Din gedient hatte, einzusetzen. Zwei Jahre später, 1898, lud Mozaffar ad-Din jedoch Amin al-Soltan erneut ein, da er von seinem Kandidaten enttäuscht war.

Amin al-Soltan war während seiner Amtszeit nach Japan, China, Russland und in die Schweiz gereist, um sich mit den unterschiedlichen Gepflogenheiten in diesen Ländern vertraut zu machen. Die Hauptaufgabe des neuen Schahs bestand darin, Persien aus der Wirtschaftskrise zu führen. Nach seiner Rückkehr wandte sich Amin al-Soltan wieder Russland zu, wo er einige Kontakte geknüpft hatte. Im Jahr 1900 lieh er sich von St. Petersburg beträchtliche Summen. Mit diesem Geld wurden Kredite aus anderen Ländern zurückgezahlt, wodurch

Persien finanziell immer abhängiger von Russland wurde.

Um das geliehene Geld zurückzuzahlen und einige der wirtschaftlichen Probleme Persiens zu lösen, lud der Premierminister eine belgische Delegation unter der Leitung von Joseph Naus ein und führte gemeinsam mit ihr ein neues Zollsystem im Land ein. Das neue System erhöhte die Zölle auf Importe aus Großbritannien, senkte aber die Zölle auf russische Waren. Diese Entscheidung beunruhigte die Briten, da sie ihnen signalisierte, dass Persien langsam prorussisch wurde. Die Briten glaubten auch, dass dies potentielle britische Investoren noch mehr davon abhalten würde, in den persischen Markt einzutreten, insbesondere nach den Ereignissen während der Tabakproteste.

Ein Jahr später vermittelte Amin al-Soltan, der die Bedenken der Briten verstand und die Weltmacht nicht gänzlich von Geschäften mit Persien abhalten wollte, ein schockierendes Abkommen mit dem britisch-australischen Millionär William Knox D'Arcy. Nach dem im Mai 1901 unterzeichneten Vertrag, der den Lauf der iranischen Geschichte für immer verändern sollte, erhielt D'Arcy für 40.000 Pfund und 16 Prozent der Einnahmen, die direkt an die persische Regierung gingen, für die nächsten 50 Jahre die Exklusivrechte an den persischen Gas- und Ölvorkommen in fast allen Teilen des Landes.

Obwohl Gas und Öl damals sehr wertvoll waren, war nicht allgemein bekannt, über welch große Reserven der Iran verfügte. In den ersten Jahren brachten die britischen Investitionen keine nennenswerten Ergebnisse. Am 26. Mai 1908 stießen die Männer von D'Arcy jedoch auf Öl, was ein Jahr später zur Gründung der Anglo-Persian Oil Company führte. Nachdem die Industrie expandierte und immer mehr Ölvorkommen im Süden Irans entdeckt wurden, wurde die britische Regierung 1914 Mehrheitsaktionär der Gesellschaft, was im Wesentlichen bedeutete, dass sie ein vollständiges Monopol auf die iranischen Ölfelder besaß.

Eine der ersten iranischen Ölraffinerien. [17]

Die Bemühungen von Amin al-Soltan führten nicht unmittelbar zu einer Verbesserung der wirtschaftlichen Lage. Die unter dem Premierminister begonnenen Projekte sollten dem Land langfristig zugutekommen, aber die persische Bevölkerung hatte nicht so viel Zeit. Ein wichtiger Faktor, der die wirtschaftliche Entwicklung Persiens hemmte, war der Silberstandard. Die meisten anderen Länder der Welt waren bereits zum Goldstandard übergegangen, was es dem Iran erschwerte, sich den Preisschwankungen auf dem Weltmarkt anzupassen, und zu einer hohen Inflation führte. Inmitten der sozialen und finanziellen Not fand das persische Volk jedoch seine Rettung, die zu einer der fruchtbarsten und einflussreichsten sozialreaktionären Bewegungen des ersten Jahrzehnts des 20. Jahrhunderts führte: die Konstitutionelle Revolution.

Die Bildung zunehmend liberaler Regierungen war in der Tat der Trend des gesamten 19. Jahrhunderts, als Europa und die übrige Welt die allmähliche Abschaffung der Monarchien und den Aufstieg hybrider Republiken mit Verfassungen erlebten, die keine Machtkonzentration in den Händen einer einzigen Person zuließen. In Persien war die Bewegung, die schließlich zur sogenannten konstitutionellen Revolution führte, ein langer Prozess, der vor allem 1904/1905 begann. Der Wunsch nach Reformen war im Iran schon lange vorhanden, und die Angehörigen der verschiedenen Gesellschaftsschichten hatten unterschiedliche Gründe für ihre Unzufriedenheit mit der Zentralregierung in Teheran. Diese Stimmung führte nach 1904 zur Gründung zahlreicher geheimer und sozialpolitischer Parteien im ganzen Land. Diese Parteien wurden von Angehörigen der Intelligenz geführt und bestanden aus Gleichgesinnten, die sich unter dem Banner der Reform des Landes auf Kosten des Kadscharenregimes zusammenschlossen. Innerhalb weniger Monate wuchs die Zahl der Mitglieder dieser Gesellschaften beträchtlich. Es gelang ihnen sogar, die Unterstützung prominenter Ulama wie Mirza Sayyed Mohammad Tabatabai und Seyyed Abdollah Behbahani zu gewinnen.

Nach einem Zwischenfall im Dezember 1905 gewannen die Revolutionäre noch mehr Anhänger und sprachen sich öffentlich gegen das Regime aus. Der Gouverneur von Teheran ordnete die Prügelstrafe gegen zwei Händler an, weil sie sich weigerten, die neuen Vorschriften zu befolgen. Die Menschen gingen auf die Straße, protestierten gegen die Gewalt gegen die Händler und veranlassten die Regierung in Teheran, Kräfte zu mobilisieren, um die Unruhen zu unterdrücken. Mohammad

Tabatabai „bot" etwa zweitausend Demonstranten an, den *Bast* zu nehmen, was bedeutete, dass sie im Schah-Abdol-Azim-Schrein Zuflucht finden sollten, was ihnen die Möglichkeit gab, der Stadtpolizei auf legale Weise zu entkommen und sich neu zu formieren. Die Regierung konnte den *Bast* einfach nicht verletzen, so dass ihre Truppen nicht in die religiöse Einrichtung eindringen konnten, um die Demonstranten zu verhaften. Immer mehr Menschen nahmen den *Bast* und trugen ihre Forderungen unter dem Schutz der Ulama vor. Nach etwa einem Monat, im Januar 1906, zwangen die Aktivisten den Schah, der Entlassung seines Premierministers zuzustimmen und das „Haus der Gerechtigkeit" zu gründen, die erste Form des späteren iranischen Parlaments.

Im Sommer eskalierte die Situation, als die Teheraner Polizei versuchte, gegen einige der Demonstranten vorzugehen, und mehrere führende Aktivisten verhaftete. Dies veranlasste Mohammad Tabatabai und Abdollah Behbahani, einen neuen *Bast* zu organisieren, zunächst in Ghom und dann in der britischen Botschaft, wo sich bis Ende Juli 1906 mehr als 13.000 Menschen versammelten. Dort sprachen die Anführer der Proteste zu den versammelten Demonstranten und legten ihre Forderungen und ihre Vision für die Zukunft des Iran, die hell und blühend sein sollte, klar dar. Besonders motiviert waren die Demonstranten durch ähnliche erfolgreiche Demonstrationen in Russland, die im Mai 1906 zu einer Verfassungsrevision und zur Gründung der russischen Duma führten, die die autokratische Herrschaft des Zaren beendete. Die in der britischen Botschaft versammelten Aktivisten brachten ähnliche Anliegen und Forderungen vor, die den Schah im August zwangen, der Einrichtung des Madschles, einer repräsentativen Nationalversammlung, zuzustimmen.

Die ersten Wahlen zum Madschles fanden einen Monat später statt, nachdem allen männlichen iranischen Staatsbürgern über dreißig Jahren, die über Grundbesitz verfügten, das Wahlrecht zugestanden worden war, ohne Rücksicht auf die Religion der Wähler. Die Bauern waren von der Wahl ausgeschlossen, da sie kein Land besaßen. Nach den Wahlen trat die Nationalversammlung Persiens am 7. Oktober 1906 zum ersten Mal zusammen. Bis Ende des Jahres erarbeitete sie eine provisorische Verfassung, die sogenannten Grundgesetze, die die Einrichtung eines Senats und eines Zweikammerparlaments vorsahen. Obwohl dem Schah das Recht eingeräumt wurde, zahlreiche Vertreter in den Senat zu wählen, hatte das Madschles, dessen Mitglieder alle zwei Jahre vom Volk gewählt wurden, technisch gesehen mehr Macht und Verantwortung.

Mozaffar al-Din Schah unterzeichnete am 30. Dezember die Grundgesetze und bestätigte damit die erste Fassung der persischen Verfassung. Kurz nach der Unterzeichnung starb der Schah und wurde durch den Kronprinzen Mohammad Ali Schah ersetzt. Der neue Schah und einige andere Gruppen wurden zu den Hauptgegnern der Verfassung von 1906 und des liberalen Regimes, für das sich die persische Intelligenz einsetzte.

Abgeordnete des ersten Madschles. [18]

Diese raschen Fortschritte auf dem Weg zu einer modernen, leistungsfähigen konstitutionellen Monarchie blieben den Großmächten nicht verborgen, die weiterhin ihre Interessen in Persien verfolgten. Dies zeigte sich nach der Anglo-Russischen Konvention vom August 1907, die nicht einmal ein Jahr nach der Einsetzung des Madschles in Teheran stattfand. Großbritannien und Russland hatten die Entwicklung der Revolution in Persien aufmerksam verfolgt, wobei die britische Gesandtschaft nicht nur den Demonstranten auf dem Botschaftsgelände Unterschlupf gewährte, sondern auch deren Anführer beriet und den Aktivisten half, ihr Ziel zu erreichen. Die Russen blieben über die Situation in Teheran auf dem Laufenden, da sie dank der Kosakenbrigade, die ständig im Land stationiert war, eine größere Rolle in den militärischen und inneren Angelegenheiten Persiens spielten.

Die Hoffnungen der Konstitutionalisten, nach der Gründung des Madschles irgendeine Unterstützung zu erhalten, zerschlugen sich jedoch nach dem Anglo-Russischen Abkommen von 1907, dessen Hauptziel es war, Europa gegen einen aufkommenden gemeinsamen Feind zu verbünden: Deutschland. Darüber hinaus einigten sich Russland und Großbritannien darauf, alle bisherigen Konflikte im Nahen Osten zu neutralisieren, indem sie Persien in zwei Einflusssphären aufteilten. Jede der beiden Mächte sollte das Recht haben, ihre politischen und sozioökonomischen Interessen frei zu verfolgen, ohne die Einmischung der anderen befürchten zu müssen.

Obwohl das Abkommen beide Staaten verpflichtete, die territoriale Integrität und Souveränität der persischen Nation zu respektieren, hinderte es sie nicht daran, Gebiete zu schaffen, in denen jede Macht eine größere Vormachtstellung hatte. Es muss gesagt werden, dass die Aufteilung nicht sehr genau war, aber effektiv wurde der nördliche Teil des Iran, einschließlich Teheran, Aserbaidschan, Chorasan und Gilan, mit Isfahan als südlichstem Punkt, Teil der russischen Einflusssphäre. Die Briten erhielten die südöstlichen persischen Gebiete von Sistan und Kerman. Dies bedeutete, dass dem neu gebildeten Madschles im Wesentlichen die Kontrolle über Fars und Südwestpersien verblieb, was dem Status der Regierung sehr schadete, da sie nichts gegen die Aufteilung des Landes unternehmen konnte.

Royalistische Reaktion und das Ende der Revolution

Neben der Einmischung aus dem Ausland und dem Widerstand des Schahs wurde das Madschles durch die Spaltung der Konstitutionalisten selbst weiter zerrüttet. Es gab die radikaleren Vertreter, die auf Säkularismus und eine liberalere Politik drängten, und den konservativen Flügel der Partei, der die Bedeutung des schiitischen Islam betonen und die arabischen Namen für die neuen Institutionen beibehalten wollte, anstatt europäische Begriffe wie „Parlament" oder „Kongress" zu verwenden. Zu Beginn des Madschles waren die Liberalen, obwohl sie weniger Sitze in der Versammlung hatten, weitaus besser organisiert. Sie hatten klare Vorstellungen von der Entwicklung des Landes und schienen ihren konservativen Kollegen den Rang abzulaufen. Die linke Flanke der Verfassungsbefürworter drängte auf die Aufnahme der „Ergänzungsgesetze" in die Verfassung, die schließlich die Verfassungsänderung von 1907 bildeten.

Dennoch wurde die Novelle nicht ohne eine Reihe von Problemen seitens der konservativen Fraktion des Madschles angenommen.

Schließlich drängten die Konservativen darauf, ihre eigenen Forderungen zu berücksichtigen und dem Vorschlag der Liberalen hinzuzufügen, eine Initiative, die vom neuen Schah unterstützt wurde, dessen Ziel es war, die Verfassungsbefürworter zu untergraben. Er könnte vermutet haben, dass diese die Monarchie abschaffen und damit seine Macht beschneiden wollten.

Im Oktober 1907 einigten sich der Schah und die Konservativen nach monatelangen Verhandlungen auf die Verabschiedung des Zusatzartikels, der noch immer weitgehend liberale Punkte enthielt, aber auch die von den Konservativen unterstützten Vorschläge, insbesondere den Punkt, dass die Zwölferschia die offizielle Religion des Landes sein sollten. Die Erklärung zur Staatsreligion war der erste Artikel des Zusatzartikels, gefolgt von der Zusicherung, dass alle Änderungen an den Gesetzen des Landes von einem Sonderausschuss religiöser Führer genehmigt werden müssten – ein weiterer Sieg für die konservativen Verfassungsrechtler.

Trotz einer Art fruchtbarer Zusammenarbeit zwischen den beiden Gruppen des Madschles blieb der Schah den Konstitutionalisten gegenüber feindlich gesinnt, die langsam an Macht gewannen und immer mehr Einfluss auf die Institutionen Persiens ausübten. Im Dezember 1907 waren die Beziehungen zwischen dem Monarchen und dem Madschles so angespannt, dass der Monarch mit Hilfe lokaler royalistischer Sympathisanten versuchte, das Gebäude der Nationalversammlung einzunehmen. Der Angriff auf das Madschles-Gebäude wurde von den radikalen Konstitutionalisten im Inneren abgewehrt, und der wachsende Druck der britischen und russischen Gesandtschaften im Land veranlasste den Schah, sich zurückzuziehen, um die Großmächte nicht zu verärgern.

Im Juni 1908 versuchte Mohammad Ali Schah erneut, die Macht im Land an sich zu reißen und das Madschles zu untergraben. Inzwischen war es den Radikalen gelungen, sich in der Nationalversammlung als stärkste Fraktion zu etablieren, nachdem sie sich erfolgreich gegen die royalistischen Aufständischen zur Wehr gesetzt hatten. Die wachsende Macht des Madschles und seine nachweislichen Versuche, Kontakte zu Deutschland zu knüpfen, beunruhigten die Briten und Russen, die den Schah bei seinem Staatsstreich im Juni 1908 unterstützten. Mohammad Ali Schah forderte über die russische Kosakenbrigade die Verhaftung prominenter Mitglieder der liberalen Fraktion des Madschles. Dieses Ultimatum wurde vom Madschles abgelehnt, dessen Mitglieder ihre Anhänger mobilisierten, um das Gebäude erneut zu verteidigen. Am 23. Juni bombardierte die Kosakenbrigade das Madschles-Gebäude, tötete viele der liberalen Verfassungsführer und verhaftete die übrigen, die sich den Truppen des Schahs ergeben mussten. Die Kosakenbrigade richtete mehrere prominente Persönlichkeiten des Madschles hin, darunter Jahangir Khan, den Gründer der populärsten liberalen Zeitschrift *Sur-e Esrafil*, und Malek al-Motakallemin, einen der radikalen Führer. Andere Verfassungsrechtler wie Tabatabai und Behbahani, die die Bewegung seit ihrer Gründung drei Jahre zuvor angeführt hatten, wurden verhaftet.

Nach der Niederlage der Verfassungsbefürworter und der Zerstörung des Madschles schien es, als hätten die Royalisten und Mohammad Ali Schah den Sieg über die Opposition errungen. Die Bombardierung des Madschles-Gebäudes und die Verhaftung und Hinrichtung der Anführer der Bewegung reichten jedoch nicht aus, um den Reform- und Modernisierungswillen zu brechen, da in allen Teilen des Landes Kritik am Vorgehen des Schahs laut wurde. Selbst Mitglieder der schiitischen Ulama verurteilten das Vorgehen des Schahs und forderten ihn auf, das Madschles wiederherzustellen. Während persische Konstitutionalisten, denen die Flucht gelungen war oder die im Ausland lebten, versuchten, die öffentliche Meinung in Europa zu ihren Gunsten zu beeinflussen, begannen auch lokale Revolutionäre, sich zu mobilisieren, um dem Schah die Macht zu entreißen. Der persische Widerstand konzentrierte sich auf Aserbaidschan, genauer gesagt auf die Stadt Täbris, in der Tausende von Menschen aus verschiedenen Teilen Persiens lebten, die für die Verfassung eintraten.

Als der Schah von dem wachsenden Widerstand in Täbris erfuhr, befahl er seinen Truppen, die Stadt zu belagern und die Verfassungsbefürworter zur Kapitulation zu zwingen. Die Rebellen schlossen sich unter Sattar Khan zusammen und konnten sich fast zehn Monate lang gegen die Truppen des Schahs verteidigen. Im Februar 1909, als die Revolutionäre von den royalistischen Truppen vollständig eingeschlossen waren, sah sich Mohammad Ali Schah unter dem Druck der Russen gezwungen, die Belagerung aufzugeben. Die genauen Gründe für diese Entscheidung sind unklar. Vielleicht fühlte sich Russland verantwortlich und misstrauisch angesichts der Instabilität in der Region, die eigentlich zu seiner persischen Einflusssphäre gehörte, oder es wollte sich mit den Briten gutstellen, die nach der Bombardierung des Madschles durch den Schah eher der Verfassung zugeneigt waren. Jedenfalls traf im April desselben Jahres ein Kontingent der russischen Armee ein, um die Belagerung von Täbris aufzuheben und die Revolutionäre zu retten.

Gleichzeitig wuchs die Anhängerschaft der Verfassungsbefürworter in verschiedenen Teilen des Landes, insbesondere in der südöstlich von Täbris gelegenen Stadt Rascht. Unter der Führung von Yeprem Khan, einem erfahrenen Kommandeur und einer Persönlichkeit des öffentlichen Lebens, sammelten die Verfassungsbefürworter genügend Männer, um die Stadt unter ihre Kontrolle zu bringen. Anfang Mai marschierten sie in Richtung Qazvin, wo sie sich mit den aus Täbris abkommandierten Truppen vereinigten. Gemeinsam marschierten sie in Richtung Teheran, erreichten die Stadt Mitte Juli und übernahmen nach einigen Tagen des Kampfes die Kontrolle. Die Revolutionäre erklärten sich zur „Sonderversammlung", setzten Mohammad Ali Schah ab und zwangen ihn ins russische Exil. Sein kleiner Sohn Ahmad wurde auf den Thron gesetzt. Die Revolutionäre setzten auch eine provisorische Regierung ein, bis das Madschles im Dezember wieder zusammentreten konnte. Sie verhafteten im ganzen Land die prominenten antikonstitutionellen Konservativen und errichteten mit britischer und russischer Unterstützung eine feste Kontrolle über Teheran.

Das Zweite Madschles trat im Dezember 1908 zusammen und die konstitutionelle Herrschaft wurde im Land wiederhergestellt. Doch obwohl die Royalisten scheinbar besiegt waren, brachten die folgenden Entwicklungen keine guten Ergebnisse für den Iran. Die Gründe für diese erfolglose Periode sind vielfältig und liegen unter anderem in der feindseligen Natur der gegnerischen Parteien des Zweiten Madschles. Der größte Fehler, den das Zweite Madschles beging, war die Annahme, dass es nun freie Hand habe, die Probleme Persiens zu lösen, ohne die Russen und Briten zu konsultieren, die das Vorgehen der Konstitutionalisten als Bedrohung ihrer eigenen Positionen in der Region ansahen. So beschloss das Madschles eine Polizeireform, die die Bedeutung der russischen Kosakenbrigade schmälerte und eine Gendarmerie unter Schweizer Führung einführte, was St. Petersburg verärgerte.

Vor allem die Ankunft eines amerikanischen Finanzberaters namens Morgan Shuster trübte die Beziehungen zwischen den Europäern und Teheran nachhaltig. Shuster war ein erfahrener Rechtsanwalt und Finanzbeamter. Er erkannte schnell, dass es in Persien kein kohärentes, funktionierendes Steuersystem gab und dass die Einmischung ausländischer Mächte in die inneren Angelegenheiten des Landes letztlich zu dessen Bankrott geführt hatte. Shuster wurde vom Madschles große Freiheit gewährt. Den Russen und Briten stand er gleichgültig gegenüber und konzentrierte sich stattdessen auf die Entwicklung des Iran.

Erstaunlicherweise gelang es ihm, den Grundstein für verschiedene Verwaltungsinstitutionen zu legen, die das Wachstum der persischen Wirtschaft auf Kosten des russischen und britischen Einflusses garantieren sollten.

Die rücksichtslose Politik Shusters verärgerte St. Petersburg zutiefst, das mehrmals seine Absetzung forderte, nur um festzustellen, dass das Madschles in Teheran diese Forderung ablehnte. Als Mohammad Ali Schah im Juli 1911 versuchte, mit einer kleinen royalistischen Truppe zurückzukehren, um die Macht wieder an sich zu reißen, wurde er vom Madschles leicht besiegt, und sein Bruder Malek Mansur Mirza, der viel Land besaß, wurde aufgefordert, der Regierung eine Entschädigung für den Putschversuch seines Bruders zu zahlen. Shuster wurde beauftragt, den verschwenderischen Besitz des Kadscharenprinzen zu beschlagnahmen, und der Amerikaner kam dieser Bitte nach, nachdem er bereits dafür gesorgt hatte, dass andere Mitglieder der königlichen Familie der Kadscharen ihre Steuern zahlten. Das war für die Russen, die den amerikanischen Finanzberater ständig verspottet hatten, der Tropfen, der das Fass zum Überlaufen brachte. Darüber hinaus hatte Shuster versucht, Russlands Kontrolle über den Norden Irans zu untergraben, indem er verschiedene wichtige Posten mit antirussischen Beamten besetzte.

Die Russen stellten dem Madschles ein weiteres Ultimatum, Shuster zu entfernen, und marschierten nach erneuter Ablehnung mit ihren Truppen in Aserbaidschan ein, besetzten Täbris und später Rascht. Dann zogen sie weiter nach Teheran, wo ein Teil der lokalen Bevölkerung das Madschles zunehmend kritisierte. Unter dem Druck ausländischer Mächte und in dem Bestreben, eine weitere politische Katastrophe zu vermeiden, beschloss der junge Ahmad Schah, der noch unter der Regentschaft seines Onkels Ali Reza Khan stand, Ende Dezember 1911 die Auflösung des Zweiten Madschles. Dies bedeutete das Ende der iranischen Verfassungsrevolution.

Ein Intermezzo nach der Revolution

Die konstitutionelle Revolution war gescheitert, da das Madschles letztlich von der Autorität des Schahs überwältigt wurde. Auch den Verfassungsbefürwortern war es nicht gelungen, eine funktionierende konstitutionelle Monarchie mit einem Zweikammerparlament zu schaffen. Ähnliche Bewegungen waren auch in Europa gescheitert, aber der Unterschied zwischen den europäischen Revolutionen und den Ereignissen in Persien lag im Zeitpunkt. Etwa ein halbes Jahrhundert zuvor hatten die europäischen Nationen mehrheitlich auf mehr Liberalität gedrängt und damit die autokratischen Monarchien auf dem ganzen Kontinent untergraben. Zu Beginn des Ersten Weltkriegs befand sich der größte Teil Europas in einer politisch günstigen Lage. In Persien hingegen setzten die Veränderungen erst viel später ein. Obwohl viele Mitglieder des Madschles in guter Absicht handelten, waren sie nicht in der Lage, ihre Autorität in einem Land durchzusetzen, das erneut von fremden Mächten ausgebeutet wurde.

Obwohl Persien während des Ersten Weltkrieges technisch gesehen ein neutrales Land war, fanden dort Kämpfe statt. Das Osmanische Reich schloss sich den Mittelmächten an, was schließlich dazu führte, dass ein Teil des Konflikts auf persischem Territorium ausgetragen wurde, über das der gerade volljährig gewordene und offiziell gekrönte Schah keine Macht hatte. Obwohl die Kämpfe zwischen den Osmanen und den russischen und britischen Verbündeten in einem relativ kleinen Rahmen stattfanden (hauptsächlich im Nordwesten des Iran), konnten der Schah und die persische Regierung keinen Einfluss auf die Ereignisse nehmen, vor allem weil die Armee, die ihnen zur Verfügung stand, praktisch nicht existierte und im besten Fall nicht mehr als zwanzigtausend Mann umfasste, hauptsächlich die Kosakenbrigade und die Gendarmerie.

Eine entscheidende Entwicklung des Krieges, die Persien stark beeinflusste, war die russische Revolution von 1917 und die anschließende Gründung der Sowjetunion. Mit dem Vertrag von Brest-Litowsk schieden die Russen aus dem Krieg aus, da sie aufgrund des von den Sozialisten verursachten innenpolitischen Chaos nicht mehr in der Lage waren, den Kampf gegen die Mittelmächte fortzusetzen. Im Kaukasus und im Nordwesten des Iran übernahmen die Briten die Kämpfe, obwohl die Osmanen zu diesem Zeitpunkt ihre militärische Kraft erschöpft hatten und keine wirkliche Bedrohung mehr darstellten. Zudem erklärte die neu gegründete Sowjetunion offiziell das Ende der russischen Interessen in Persien und verurteilte dies als eklatant imperialistisches Vorgehen des zaristischen Russlands. Damit waren die Russen endgültig aus Nordpersien vertrieben, und Großbritannien, das gerade als Sieger aus dem Krieg hervorgegangen war und einen Großteil der osmanischen Gebiete in der Levante übernommen hatte, blieb die einzige ausländische Macht mit einem erklärten Interesse an Persien, was das politische Klima weiter komplizierte.

Die Briten übernahmen eine dominierende Rolle in der Region und verfolgten eine Außenpolitik, die deutlich machte, dass sie zum einzigen Interessenten in Persien geworden waren. Der Rückzug Russlands fiel auch mit der Anwesenheit einiger der am stärksten imperialistisch gesinnten Personen in der britischen Außenpolitik zusammen, wie Außenminister Nathaniel Curzon und dem britischen Gesandten im Iran, Percy Cox, die es für notwendig hielten, Persien zu einem britischen Protektorat zu machen, um die britischen Besitztümer in Indien vor expansionistischen und feindlichen Mächten wie Russland zu schützen, obwohl die Russen beschlossen hatten, ihre Bemühungen in der Region offiziell aufzugeben. Dies und das berüchtigte pro-britische Ministerkabinett, das von Ahmad Schah ernannt wurde, um die Aufgaben des Madschles zu übernehmen, führten zur Unterzeichnung eines weiteren absurden Abkommens zwischen den beiden Ländern.

Das anglo-persische Abkommen vom August 1919, das weniger ein „Abkommen" als vielmehr ein Dekret der Briten war, die ihren Einfluss auf die persische Regierung geltend machten, verdoppelte die Abhängigkeit Persiens von Großbritannien. In dem Abkommen hieß es, dass Persien Großbritannien brauche, um die schwierigen Zeiten der letzten Jahre zu überstehen, und dass nur die Briten über eine ausreichende Präsenz in der Region verfügten, um die Hilfe und den Schutz zu bieten, die Persien für seine Modernisierung und Reorganisation benötigte. Im Gegenzug für den exklusiven britischen Zugang zu allen Ölfeldern Persiens würde Großbritannien Persien ein Darlehen in Höhe von zwei Millionen Pfund für zwanzig Jahre gewähren, Offiziere und Ausrüstung zur Umstrukturierung der persischen Armee entsenden, die Entwicklung der Infrastruktur und der Kommunikationsnetze des Landes überwachen und den persischen Beamten bei der Überarbeitung des Zollsystems helfen, das lange Zeit auf importierte britische Waren erhoben worden war. Für die Briten war dies ein gutes Geschäft, das jedoch von Frankreich und den USA kritisiert wurde, die darin einen weiteren Versuch Großbritanniens sahen, seine Position auf Kosten eines fremden, unterentwickelten Landes zu stärken.

Die Minister des Schahs stimmten dem Abkommen zu, obwohl es nach der Verfassung des Landes auch vom Madschles ratifiziert werden musste, das noch nicht wieder zusammengetreten war. Als ob dies nicht schon deutlich genug gewesen wäre, wurde der persischen Bevölkerung bald klar, dass die Briten aus Eigeninteresse handelten und nicht bereit waren, sich in dem im Abkommen vorgeschlagenen Umfang zu engagieren. Die Nachricht von einer weiteren schmerzhaften Entscheidung der Regierung löste im ganzen Land nationalistische Bewegungen aus, insbesondere in den Provinzen Gilan und

Aserbaidschan, die anderthalb Jahrzehnte zuvor die aktivistischen Bewegungen angeführt hatten. Die Menschen misstrauten der direkten Kontrolle des Schahs durch die Briten und glaubten, dass die Europäer den Monarchen und seine Minister bestochen hatten.

Ein kleines Kontingent der sowjetischen Armee landete in der Hafenstadt am Kaspischen Meer, dem heutigen Bandar-e Anzali, weil sie befürchteten, dass die Briten die Weißen Russen, Gegner der Bolschewiki und Anhänger des Zaren, unterstützen wollten, indem sie ihnen Zuflucht in Persien gewährten. Sie forderten Großbritannien auf, seine Truppen aus den persischen Gebieten abzuziehen, die sie als Bedrohung für ihre Sicherheit ansahen. Dieses Ereignis zeigte erneut, dass Großbritannien nicht bereit war, die Souveränität und die Interessen Persiens im Falle einer konzentrierten ausländischen Intervention zu verteidigen. Die Desorganisation der persischen Regierung, der Zwischenfall mit den Sowjets und die mangelnde Bereitschaft der britischen Beamten in London, Curzons Bemühungen zu unterstützen, zwangen Großbritannien schließlich dazu, im April 1921, weniger als zwei Jahre nach Unterzeichnung des Abkommens, alle seine Truppen aus Persien abzuziehen. Das britisch-persische Abkommen war praktisch tot.

Der Fall der Kadscharen-Dynastie

Als die Briten sahen, dass Curzons Abkommen mit Persien gescheitert war und der Druck der Sowjets zunahm, änderten sie bald ihre Haltung gegenüber Persien und unterstützten diesmal die Bildung einer fähigen persischen Regierung, die sich nicht zu Russland hingezogen fühlen würde, während sie gleichzeitig die Stabilität im Land soweit aufrechterhielt, dass die wirtschaftlichen Interessen Großbritanniens weiterhin gewahrt blieben. Dieser Politikwechsel führte am 21. Februar 1921, zwei Monate vor dem Abzug der Briten, zum Staatsstreich. Eine Kosakenbrigade unter Oberst Reza Khan marschierte von Qazvin nach Teheran, eroberte die Stadt, übernahm die Regierung und verhängte das Kriegsrecht. Reza Khan und ein bekannter pro-britischer Journalist namens Sayyid Zia führten die nationalistische Bewegung an, die höchstwahrscheinlich heimlich von britischen Beamten ohne Wissen Curzons angezettelt worden war. Die genauen Umstände des Putsches und die Frage, wie es den Anführern, die über wenig politische Erfahrung verfügten, gelang, andere nationalistisch Gesinnte unter ihrem Banner zu vereinen, sind unklar. Die Führung von Sayyid Zia, der zuvor Herausgeber einer pro-britischen Zeitung gewesen und für seine pro-britische Haltung bekannt war, führte jedoch dazu, dass viele Iraner glaubten, London stehe hinter dem Putsch und habe ihn zu seinem eigenen Vorteil organisiert.

Reza Schah Pahlavi in den 30er Jahren. [19]

Doch schon bald nach der Eroberung der Hauptstadt gerieten die beiden Anführer des Staatsstreichs in Streit. Sayyid Zia war wegen seiner früheren Verbindungen zu den Briten bei der Bevölkerung besonders unbeliebt, obwohl er das anglo-persische Abkommen offiziell aufgekündigt hatte. Er wurde zum neuen Premierminister ernannt, nutzte seine Macht aber rücksichtslos aus und ließ viele Politiker verhaften, ungeachtet ihrer Überzeugungen oder Loyalitäten. Schließlich hielt Reza Khan den ehemaligen Journalisten für ungeeignet, das Land zu führen. Außerdem störte ihn, dass sich sein Partner ständig ins Militär einmischte. So zwang er Sayyid Zia im Mai zum Rücktritt. Zia floh aus dem Iran und lebte mehrere Jahrzehnte im Exil, bis er schließlich zurückkehrte.

So wurde Reza Khan, der Kommandeur der Kosakenbrigade, zum alleinigen Anführer des Putsches. Schon vor dem Rücktritt Sayyid Zias hatte er bewiesen, dass er klare Visionen und Ziele hatte und ein fähiger Kommandeur war, der die Führung übernehmen konnte. Fünf Tage nach der Eroberung der Hauptstadt, am 26. Februar, unterzeichnete Reza Khan den russisch-iranischen Freundschaftsvertrag, der friedliche Beziehungen zu den Bolschewiki herstellte und ihre Truppen zwang, Persien zu verlassen. Bis November 1921 besiegte Reza Khan die Widerstandsgruppen, die sich in den persischen Gebieten gebildet hatten, was zur weiteren Stabilisierung der Lage beitrug und die Bedrohung neutralisierte, die seit vielen Jahren von den Stämmen und Regionen ausging. Danach begann Reza Khan mit der Reform der Gendarmerie, indem er die Schweizer Offiziere durch fähiges iranisches Personal ersetzte und die in den verschiedenen Provinzen Persiens verstreuten Truppenteile zusammenfasste.

Entscheidend war, dass Reza Khan 1924, weniger als ein Jahr nach seiner Ernennung zum Premierminister, vom Gouverneur von Chuzestan, Scheich Khaz'al, herausgefordert wurde, der einen arabischen Aufstand gegen die neue Regierung anführte. Chuzestan war lange Zeit eine abtrünnige Provinz gewesen, und Scheich Khaz'al weigerte sich, Steuern an die neue Regierung in Teheran zu zahlen. Er wurde von den Briten unterstützt, die seine Männer mit Waffen versorgten. Obwohl Reza Khan von den Briten gewarnt worden war, den Angriff auf Chuzestan einzustellen, da sie befürchteten, dass ein bewaffneter Konflikt ihre Ölfelder in der Region zerstören würde, rückte Reza Khan dennoch gegen die Rebellen vor und konnte den Aufstand relativ leicht und mit geringen Verlusten niederschlagen. Indem er die Kontrolle über die Provinz wiederherstellte und bewies, dass seine Umstrukturierung der Armee tatsächlich erfolgreich war, stieg Reza Khans Popularität sprunghaft an. Die Menschen respektierten seine Führungsqualitäten und seine Fähigkeit, vor keiner Herausforderung zurückzuschrecken, selbst wenn es gegen Großbritannien ging.

Zur gleichen Zeit, als der Staatsstreich in Teheran stattfand, ereigneten sich ähnliche Entwicklungen im Osmanischen Reich, wo eine türkische nationalistische Bewegung die Monarchie gestürzt hatte und unter dem ersten Präsidenten des Reiches, Mustafa Kemal, triumphierte. In Persien waren die meisten Menschen antimonarchisch eingestellt, da der Sieg des Nationalismus und die Erfolge der Republikaner unter Reza Khan einen großen Teil der Bevölkerung beeinflusst hatten. Diese Haltung wurde auch vom Madschles geteilt, das nach dem Staatsstreich von 1921 wieder zusammengetreten und seitdem im Amt war. Nach seiner fünften Sitzung im Jahr 1923 wurde er zunehmend liberaler. In seinem Bestreben, die Gesellschaft des Landes zu modernisieren und zu entwickeln, gab sich das

Madschles einen europäischen Namen und verzichtete auf die traditionellen Titel, die mit dem alten Regime in Verbindung gebracht wurden (Reza Khan wurde nach dieser Änderung zu Reza Pahlavi). Er billigte auch einige Initiativen des Premierministers und unterhielt im Allgemeinen gute Beziehungen zum Anführer des Staatsstreichs. Angeregt durch den Triumph des Republikanismus in der Türkei und die allgemeine Unzufriedenheit der Öffentlichkeit mit Ahmad Schah Kadschar, diskutierte das Madschles die Möglichkeit, die Monarchie in Persien abzuschaffen, was zweifellos ein radikaler Schritt in Richtung Modernisierung und vollständiger Übernahme republikanischer Ideale gewesen wäre. Nachdem sich jedoch die konservativeren Mitglieder des Madschles vehement gegen diese Idee ausgesprochen hatten, lenkte der liberale Flügel ein.

Schließlich kam es zu einer Einigung, die wohl für alle Beteiligten von Vorteil war. Die Dynastie der Kadscharen sollte abgeschafft, die Monarchie jedoch beibehalten und Reza Khan zum neuen Schah ernannt werden. So wurde Reza Pahlavi am 14. Februar 1925 zum neuen Schah von Persien ernannt, während sich Ahmad Schah Kadschar noch auf seiner Europareise befand (wo er sich die meiste Zeit seiner Herrschaft als Schah aufhielt). Damit endete die über 130 Jahre währende Herrschaft der Kadscharen im Iran.

Kapitel Neun – Von Reza Schah Pahlavi bis zur Islamischen Revolution

Reza Schah Pahlavi

Die Thronbesteigung Reza Schahs markiert den Beginn der zweiten Phase der modernen iranischen Geschichte. Diese Periode ist von großer Bedeutung, da sie den Aufstieg Persiens zu einem modernen Nationalstaat mit einer effektiven konstitutionellen Monarchie als politischem System markieren sollte. Reza Schah Pahlavi wird oft als der Begründer des modernen Iran bezeichnet, da er mit seinen grundlegenden, aber längst überfälligen Projekten die Position Persiens als souveräner Nationalstaat auf der politischen Weltbühne festigte. In der Tat bedeutete die Herrschaft des ersten Pahlavi-Monarchen eine drastische Verbesserung gegenüber den vorangegangenen Jahrzehnten der Kadscharenherrschaft. Die Regierungszeit Reza Schahs war durch ein höheres Maß an innerer Stabilität, wirtschaftlichem Wachstum und soziokulturellem Aufschwung gekennzeichnet.

Reza Schah Pahlavis erstes Bestreben als Militärbefehlshaber war es, die persischen Armeen unter einem einheitlichen System zu vereinen. Pahlavi hatte bereits vor seiner Zeit als Schah wichtige Schritte in diese Richtung unternommen, indem er sowohl die Kosakenbrigade als auch die zuvor von Schweizern geführte Gendarmerie reorganisierte. Bis 1930 sollte die persische Armee auf fast 100.000 gut ausgebildete, ausgerüstete und bezahlte Männer angewachsen sein. Militärstützpunkte im ganzen Land wurden nach modernen Standards ausgebaut. Die Wehrpflichtgesetze, eine der ersten Gesetzesreformen, die das Parlament unter Reza Schah Pahlavi verabschiedete, halfen dem neuen Schah, ein System zu schaffen, das den Unruhen durch regionale und Stammesstreitigkeiten ein Ende setzte.

Reza Schahs Hauptziel war es jedoch nicht, Kriege im Ausland zu führen und zu expandieren. Vielmehr erkannte der Schah richtig, dass solche Unternehmungen nach den Ereignissen des Ersten Weltkrieges immer schwieriger werden würden, zumal Persien von weitaus mächtigeren Weltmächten umgeben war. Ziel der Armeereform war es, eine Truppe zu schaffen, die in der Lage war, Frieden und Sicherheit zu gewährleisten - zwei Dinge, die dazu beitrugen, Wohlstand und eine bessere Lebensqualität zu garantieren. Obwohl Reza Schah auf seinem Weg zur Schaffung einer einheitlichen persischen Armee auf der Grundlage der allgemeinen Wehrpflicht mit zahlreichen regionalen Rebellionen konfrontiert war, konnte der Widerstand dank der Beharrlichkeit und der hervorragenden Führung des Schahs relativ leicht überwunden werden.

Neben der Militärreform führte Reza Schah Pahlavi auch Veränderungen in anderen Lebensbereichen durch. Um mit den weitaus moderneren Regionalmächten gleichzuziehen, erlebte Persien unter der Regierung Reza Schahs beispielsweise einen starken Aufschwung der heimischen Industrie und Infrastruktur. Im ganzen Land wurden tausende Kilometer neuer Straßen und Autobahnen gebaut und damit endlich die Verbindungsprobleme gelöst, unter denen der Iran seit jeher litt. Die wichtige Transiranische Eisenbahn, die das Land vom Kaspischen Meer bis zum Persischen Golf verbindet, wurde 1938 unter seiner Herrschaft fertiggestellt.

Im Bereich der Verwaltungsentwicklung wurden neue bürokratische Systeme eingeführt, um die Beteiligung der Regierung an dezentralen öffentlichen Angelegenheiten zu erhöhen und eine strenge Kontrolle über die Vorgänge im Land zu behalten. Es folgte der Aufbau eines neuen Bildungssystems. Die Regierung finanzierte Hunderte von neuen Einrichtungen, die die Alphabetisierungsrate der iranischen Bürger deutlich erhöhten und sie zu besser qualifizierten Arbeitskräften in verschiedenen Bereichen der Wirtschaft machten. Das Wirtschaftswachstum während der Regierungszeit von Reza Schah war vielleicht nicht so hervorragend, wie er es sich gewünscht hätte, aber die

Bemühungen, verschiedene Produktionskanäle zu monopolisieren, führten zweifellos zu einer stärkeren Zentralisierung der Macht und zur Schaffung einer stärkeren Mittelschicht, was für den Übergang zu einer voll funktionsfähigen kapitalistischen Gesellschaft von entscheidender Bedeutung war.

Es ist nicht zu leugnen, dass Reza Schah Pahlavi stark von seinem türkischen Amtskollegen Mustafa Kemal Atatürk beeinflusst wurde, der nach seinem Aufstieg zu einem unbeugsamen Nationalisten in der Türkei sicherlich ein gutes Beispiel gegeben hatte. Tatsächlich besuchte der Schah den türkischen Präsidenten und verstand sich gut mit ihm. Reza Schah versuchte, jene Teile der Reformen Atatürks umzusetzen, die er für die Entwicklung des Iran für unerlässlich hielt. Aufgrund seines ausgeprägten persischen Nationalismus sollte der soziokulturelle Aspekt des Landes stark hervorgehoben werden, indem der Schah das Studium der vorislamischen persischen Geschichte förderte, die Rolle nichtpersischer Minderheitensprachen im Land einschränkte und die Idee verbreitete, dass der Iran nur für ethnische Perser bestimmt sei.

Reza Schah orientierte sich auch stark an Atatürk, wenn es um die zunehmende Bedeutung und schließlich die Emanzipation der Frauen ging, die in der islamischen Kultur traditionell als eher unbedeutend galten. Der Schah drängte darauf, die Rechte der Frauen zu stärken und ihnen zunehmend den Zugang zum Arbeitsmarkt und zur öffentlichen Bildung zu ermöglichen. Er erlaubte sogar die Zulassung von Studentinnen an der Teheraner Universität, als diese 1934 gegründet wurde. Er setzte sich auch für Gesetze ein, die Frauen vom Tragen des traditionellen Tschadors befreien sollten, obwohl dies als viel zu radikal galt und auf heftigen Widerstand der schiitischen Ulama stieß. Obwohl Reza Schahs Bemühungen um Frauenrechte weniger erfolgreich waren als die Atatürks, dessen Politik auf eine sehr egalitäre Gesellschaft abzielte, war die Regierungszeit Reza Schahs dennoch förderlich für die spätere Emanzipation der Frauen und das Frauenwahlrecht im Iran in den 1960er Jahren.

In seinem Bestreben, einen souveränen persischen Nationalstaat zu schaffen, musste sich Reza Schah Pahlavi schließlich mit der Frage der Religion auseinandersetzen, die seit mehr als tausend Jahren in der einen oder anderen Form ein zentrales Element der iranischen Geschichte gewesen war. Der Schah betrachtete den schiitischen Islam als das wichtigste Bindeglied des persischen Volkes und erkannte seine Bedeutung für den Aufbau des Staates und die Entwicklung der persischen Kultur und Identität. Obwohl er seit seiner Thronbesteigung die Schia als eine der Säulen des Staates bezeichnete, bestand das eigentliche Ziel des Schahs darin, die Vorherrschaft des Staates über die Religion zu behaupten. Viele liberale Intellektuelle waren der Ansicht, dass der Islam den Bestrebungen des Schahs im Wege stand, weil eine fremde Religion für die Unterentwicklung Persiens verantwortlich war, die das Land angenommen hatte und auf die es sich verließ.

Anders als in der Türkei gelang es Pahlavi zwar nicht, Staat und Religion vollständig voneinander zu trennen, aber es gelang ihm zweifellos, den Ulama einige der Privilegien zu nehmen, die sie lange Zeit im Land genossen hatten. Vor allem reorganisierte er die Bürokratie und das Rechtssystem, was dazu führte, dass die Macht der religiösen Amtsträger in Bezug auf nichtreligiöse Aktivitäten eingeschränkt wurde, obwohl die Scharia weiterhin respektiert und als Modell für Gerichtsverfahren verwendet wurde. Auch die Öffnung vieler privater und staatlicher Bildungseinrichtungen und die Möglichkeit für Frauen, diese zu besuchen, verringerte den Einfluss der schiitischen Geistlichkeit in diesen Bereichen. Dennoch finanzierte der Schah den Bau neuer religiöser Stätten. Insbesondere förderte er die Stadt Ghom als Zentrum des schiitischen Islam, was die ansonsten unzufriedenen Ulama erfreute.

Reza Schahs Abdankung

Alles in allem hatte Reza Schah Pahlavi den richtigen Weg zur Entwicklung des Landes eingeschlagen. Trotz des Widerstandes der konservativeren Kräfte im Land war er in seinem Bestreben, einen souveränen persischen Nationalstaat zu schaffen, recht erfolgreich. Reza Schah war jedoch nicht nur ein reformorientierter Nationalist, der viel zur dringend benötigten Modernisierung des Iran beitrug, sondern zeigte bald auch eine sehr viel dunklere Seite. Erstens konnte Pahlavi durch seine Politik, seine Siege gegen die Aufstände, die sich gegen ihn erhoben, und seine Geschäfte hinter den Kulissen großen persönlichen Reichtum anhäufen. Vielleicht stellte er sogar den materiellen Besitz der letzten Kadscharenmonarchen in den Schatten. Reza Schah stammte aus ärmlichen Verhältnissen und besaß keine wirklichen Reichtümer, aber am Ende seiner Herrschaft besaß er Hunderttausende Hektar Land in verschiedenen Teilen des Iran und ein Vermögen, das der Monarch angeblich in ausländischen Banken in Sicherheit gebracht hatte.

Neben seinem persönlichen Reichtum zeigten sich die autoritären, fast totalitären Tendenzen Reza Schahs auch in seinem Verhalten gegenüber einigen Oppositionskräften während seiner Herrschaft, insbesondere gegenüber denjenigen, die die erfolgreichere Politik des Schahs kritisierten und seine radikaleren nationalistischen Werte nicht teilten. Die Herrschaft von Reza Schah war geprägt von Unterdrückung und allgemeiner Intoleranz gegenüber Minderheiten und marginalisierten politischen und gesellschaftlichen Gruppen. Nachdem Reza Schah seine Macht gefestigt und die Armee reorganisiert hatte, ließ er beispielsweise zahlreiche Politiker des Madschles, die sich entweder gegen seine Machtübernahme oder gegen seine Reformvorschläge ausgesprochen hatten, verhaften und ins Exil schicken.

Gegen Ende seiner Herrschaft entledigte sich Schah Pahlavi nach und nach der Personen, die ihm zur Macht verholfen hatten, um sein Image als alleiniger Führer der nationalistischen Bewegung zu festigen. Darüber hinaus hatte er die staatliche Kontrolle über viele Aspekte des persischen Lebens weitgehend übernommen, nicht nur über die Wirtschaft, sondern auch über die Presse, die zensiert und zu einem Instrument der Verbreitung nationalistischer Propaganda wurde. Besonders hart ging der Schah gegen die Sozialisten und Kommunisten des Landes vor, wobei er häufig die Armee und die Staatspolizei einsetzte, um ihre Versammlungen aufzulösen. Schließlich verbot er ihre politischen Parteien und Aktivitäten im Allgemeinen.

Der Niedergang von Reza Schah Pahlavi begann Mitte der 1930er Jahre, kurz nachdem er seine nationalistische Politik zur Schaffung einer gemeinsamen nationalen Identität des persischen Volkes verstärkt hatte. Natürlich waren, wie bereits erwähnt, einige Entwicklungen dieser Zeit, wie die Schaffung neuer Bildungseinrichtungen und die Emanzipation der Frauen, eindeutig fortschrittliche Schritte. Dennoch schien Reza Schah bald von seinem Streben nach Nationalismus besessen zu sein. Er versuchte, die Modernisierung Persiens unter seiner Herrschaft auf merkwürdige Weise zu symbolisieren. So bestand er zum Beispiel darauf, dass das Land offiziell „Iran" statt „Persien" heißen sollte, um die Verwestlichung des Staates zu demonstrieren. Er zeigte sich auch zunehmend feindselig gegenüber ausländischen Nationen, die sein undemokratisches Vorgehen kritisierten.

Im Bestreben, die souveräne iranische Nation zu stärken und den Einfluss der Großmächte auf die inneren Angelegenheiten des Landes weiter zurückzudrängen, ging der Schah schließlich zunehmend strategische Beziehungen zu Nazi-Deutschland ein. In den 1930er Jahren wurde das Dritte Reich zum wichtigsten Handelspartner des Iran. Die Entscheidung, die die Haltung des Schahs gegenüber den Briten deutlich machen sollte, war die Annullierung der Ölkonzession für die Anglo-Persian Oil Company im November 1932. Der für fünfzig Jahre geschlossene Vertrag lief erst in drei Jahrzehnten aus, und so war es nicht verwunderlich, dass London den Fall vor den Völkerbund brachte. Bevor dieser eine Entscheidung fällen konnte, erklärte sich Reza Schah im April 1933 bereit, ein weiteres Zugeständnis zu unterzeichnen. Es stellte keine wesentliche Verbesserung gegenüber dem vorherigen dar, da es Großbritannien den Zugang zu einer geringeren Anzahl von Ölfeldern für weitere sechzig Jahre gewährte.

Die neu geknüpften deutschen Verbindungen sollten 1941, zwei Jahre nach Beginn des Zweiten Weltkriegs und kurz nach der deutschen Kriegserklärung an die Sowjetunion, zur Zielscheibe der Briten und Sowjets werden. Großbritannien und die UdSSR, die nun wieder den gleichen Feind hatten, wurden zu Verbündeten und versuchten, die Faschisten zu bekämpfen, wo immer sie konnten, auch im Iran, wo sie die verstärkte deutsche Präsenz als Bedrohung für die britischen Ölfelder ansahen. Die Alliierten stellten bald ein Ultimatum, in dem sie die Ausweisung aller deutschen Staatsbürger und die Schließung der deutschen Firmen forderten, was der Schah ablehnte.

Als Reaktion darauf koordinierten Briten und Sowjets im August 1941 einen gemeinsamen Überraschungsangriff auf den Iran, um zu verhindern, dass die Nachschubwege von den deutschfreundlichen Kräften des Landes erobert werden konnten. Reza Schah Pahlavi, von zwei Seiten unter Druck gesetzt und waffentechnisch den überlegenen Armeen unterlegen, wurde zur Abdankung gezwungen und floh im September aus dem Land.

Sowjetische Panzer in Täbris nach der Invasion, 1941.[20]

Iran im Zweiten Weltkrieg

Die anglo-sowjetische Invasion von 1941, von beiden Ländern Operation Countenance genannt, führte zu einer erneuten Teilung des Iran in russische (sowjetische) und britische Einflusszonen. Die beiden Mächte beschlossen schließlich, den Sohn Reza Schahs, Mohammad Reza Khan, auf den iranischen Thron zu setzen. Er war jedoch unerfahren und verfügte bei weitem nicht über die Macht und das Ansehen seines Vaters. Ausländische Mächte machten viele der unter Reza Schah erreichten Entwicklungen rückgängig, schwächten das iranische Militär und die Regierung und beuteten die reichen Ressourcen des Landes zu ihrem eigenen Vorteil aus.

Dennoch war es für die Alliierten entscheidend, den Iran auf ihrer Seite zu haben. Sie nutzten die Transiranische Eisenbahn und die verbesserte Infrastruktur des Landes, um Millionen Tonnen Hilfsgüter aus dem amerikanischen Lend-Lease-Programm in die Sowjetunion zu transportieren und Munition, Waffen, Militärfahrzeuge, Lebensmittel, Öl und andere Vorräte über das Kaspische Meer nach Russland zu verschiffen. Iran blieb während des Krieges formal neutral und stellte keine Streitkräfte zur Verfügung.

Obwohl Mohammad Reza Schah nicht verhindern konnte, dass die Alliierten sein Land als Korridor für die Versorgung Moskaus nutzten, gelang es ihm doch, sich durch Kooperation bzw. fehlenden Widerstand eine relativ günstige Position gegenüber den ausländischen Mächten zu verschaffen. Dies bestätigte sich 1942 und 1943, als der Iran Abkommen mit den Briten, Sowjets und Amerikanern unterzeichnete, die die Alliierten verpflichteten, die Sicherheit und Souveränität des Iran während des gesamten Krieges zu garantieren und ihr Personal nach Kriegsende von den iranischen Grenzen abzuziehen. Die Alliierten sagten dem Iran auch finanzielle Unterstützung für seinen Beitrag zu den Kriegsanstrengungen zu. Dies führte schließlich zu einem verstärkten Interesse Amerikas am Iran als potenziellem Ölhandelspartner und dazu, dass iranische Politiker Amerikaner zunehmend einluden, sich am politischen und wirtschaftlichen Leben des Landes zu beteiligen.

Am Ende des Krieges waren es jedoch die Sowjets, die versuchten, die scheinbar friedliche Situation im Iran zu destabilisieren. Vielleicht aus Sorge, dass die Briten und Amerikaner ihre Präsenz im Iran untergraben wollten, und alarmiert über die geplante Konzession iranischer Ölfelder an die USA im Jahr 1944, forderten die Sowjets von der iranischen Regierung, Moskau in allen nördlichen Gebieten, die nach der Invasion von 1941 von den sowjetischen Truppen besetzt worden waren, Konzessionen für Ölfelder zu gewähren. Das Madschles, angeführt vom zukünftigen Premierminister Muhammad Saed, lehnte dies ab und behauptete stattdessen, dass die Diskussion über mögliche Zugeständnisse an das Ausland vor Kriegsende verboten sei. Die Sowjets drängten weiter, da sie kommunistische und sozialistische Kräfte im Iran gefördert hatten, die von Reza Schah unterdrückt worden waren. Um Chaos zu stiften, stachelten sie Ende 1945 die Entstehung radikaler Separatistenbewegungen und Aufstände in Aserbaidschan und Kurdistan an, was zu einer Krise führte, die oft als die erste Krise des Kalten Krieges nach dem Zweiten Weltkrieg bezeichnet wird.

Im Januar 1946 brachte der Iran seinen Fall vor die neu gegründeten Vereinten Nationen und beschuldigte die Sowjetunion der Einmischung in die inneren Angelegenheiten des Iran und der Nichteinhaltung des Abkommens. Großbritannien und die USA hatten ihre Truppen bereits aus dem Süden des Iran abgezogen. Sie unterstützten die Klage und übten Druck auf die Sowjets aus, ihren Teil des Abkommens einzuhalten. Angesichts einer möglichen bewaffneten Konfrontation mit den ehemaligen Verbündeten wegen einer relativ unbedeutenden Angelegenheit (in den von den Sowjets besetzten Provinzen gab es nicht einmal Erdöl) beschloss Moskau schließlich im März 1946, dem Druck nachzugeben und seine Truppen aus dem Iran abzuziehen. Es war ein nationaler Sieg für die Iraner, die sich scheinbar von fremden Mächten befreit hatten. Später im Jahr besiegten sie die kurdischen und aserbaidschanischen kommunistischen Separatistenbewegungen, ohne dass die Sowjets eingreifen wollten.

Aufstieg und Fall von Mohammad Mosaddegh

Die Nachkriegsjahre erwiesen sich als äußerst vorteilhaft für Mohammad Reza Schah, dem es in gewisser Weise gelang, großen politischen Einfluss zu gewinnen und sich eine günstige Position in der iranischen Bevölkerung zu verschaffen. Obwohl er während der Verhandlungen mit den Sowjets und den Briten relativ inaktiv war, führte der relative Erfolg des Iran dazu, dass viele glaubten, der Schah sei für die diplomatischen Siege verantwortlich. Diese Ansicht wurde noch verstärkt, als der Schah im Dezember 1946 seine Streitkräfte gegen die aserbaidschanischen und kurdischen Separatisten führte, da er sich dadurch als fähiger militärischer Führer präsentierte und sein Ansehen weiter stieg. Dieser Wandel im öffentlichen Ansehen des Schahs führte auch zu einem Erstarken der royalistischen Konservativen im Madschles, was es Mohammad Reza ermöglichte, Gesetze zu verabschieden, die die Dominanz des Monarchen über die Versammlung festschrieben. Ende 1949 erfreute sich Mohammad Reza Schah im Land großer Beliebtheit, obwohl er nicht so viel autoritäre Macht besaß wie sein Vater.

Die Dominanz ausländischer Mächte während des Krieges führte jedoch zur Gründung verschiedener Parteien, die Sitze im Madschles einnahmen und ihre eigenen Visionen vertraten. Es gab drei große politische Parteien im Madschles, die den Schah nicht besonders unterstützten: Die linkssozialistische Tudeh-Partei, die vor allem bei der Jugend populär war und für ihre organisierten Straßenproteste bekannt war; die konservative Fada-iyan-e Islam-Partei, eine rechtsextreme, antisäkulare Organisation, die von einem populären Geistlichen namens Abol-Ghasem Kashani geführt wurde und dafür bekannt war, radikale Sympathisanten anzuziehen; und schließlich die Nationale Front-Partei unter der Führung von Mohammad Mosaddegh, eine Koalition aller nationalistischen, anti-königlichen Fraktionen, die zwischen den beiden Extremen standen.

Mosaddegh war im politischen Spektrum für seine liberalen Ansichten und seine entschlossene Vision für das Land bekannt und respektiert. Er wollte frei von ausländischen Einflüssen sein und war der Erste, der die Auflösung der Anglo-Iranian Oil Company (AIOC) vorschlug. Er wollte alle Ölfelder des Landes verstaatlichen, eine Idee, die bei allen Fraktionen im Madschles breite Unterstützung fand.

Die Nationale Front gewann bald immer mehr Anhänger und ging sogar eine Art Bündnis mit der konservativen Fada-iyan-e ein. Mosaddegh und Kashani wurden zu den beiden Hauptbefürwortern der Verabschiedung des Gesetzes zur Verstaatlichung der Ölindustrie. Unterstützt wurden sie von den Tudeh-Aktivisten, die regelmäßig auf den Straßen protestierten und den Schah weiter unter Druck setzten, der als pro-britisch beschimpft wurde, weil er die Auflösung der AIOC nicht durchsetzen wollte. Der Schah reagierte auf die Demonstrationen, indem er den ehemaligen Militärchef Ali Razmara zum neuen Premierminister ernannte. Mit Hilfe der Mehrheit im Madschles gelang es Razmara, zahlreiche pro-royalistische Gesetze durchzusetzen.

Dennoch forderte die Nationale Front den Premierminister im Februar 1951 auf, die Verstaatlichung der Erdölreserven des Landes zu prüfen. Razmara lehnte ab. Daraufhin wurde er im folgenden Monat von einem radikalen Mitglied der Fada-iyan-e ermordet, was im Land ein Gefühl des Chaos auslöste. Das Chaos führte zu weiteren

Demonstrationen und zu noch stärkeren Forderungen der Nationalen Front, das Verstaatlichungsgesetz voranzutreiben, das schließlich Mitte März sowohl vom Madschles als auch vom Senat, die ebenfalls von den Royalisten dominiert wurden, verabschiedet wurde.

Als der Druck zunahm, sah sich Mohammad Reza Schah heftigem Widerstand ausgesetzt und musste im Mai dem Vorschlag des Madschles zustimmen, Mosaddegh zum Premierminister zu ernennen. Dies war der Beginn einer einflussreichen zweijährigen Amtszeit, die für den modernen Iran weitreichende Folgen hatte.

Premierminister Mosaddegh. [21]

Nach seiner Ernennung löste Mosaddegh die AIOC sofort auf und ersetzte sie durch die National Iranian Oil Company (NIOC), was als ein weiterer Triumph des nationalistischen Iran über die imperialistischen Ausländer angesehen wurde. Obwohl die Idee der Nationalisierung des Öls für die Iraner auf dem Papier vorteilhaft erschien, erwies sich der Übergang in der Praxis als weitaus schwieriger. Großbritannien, das für seine ruinierte Nachkriegswirtschaft besonders auf die Einnahmen aus den iranischen Ölfeldern angewiesen war, hatte lange vor den katastrophalen Folgen gewarnt, die dem Land bei einer Umsetzung dieses Beschlusses drohten. Dies wurde von der Nationalen Front ignoriert, deren Hauptmotivation darin bestand, die Autorität des Schahs zu untergraben. Als London in Den Haag und später im UN-Sicherheitsrat argumentierte, dass Mosaddegh ein offizielles Abkommen zwischen den beiden Ländern verletzt habe, und die internationale Gemeinschaft aufforderte, seine Position zu unterstützen, verteidigte der iranische Premierminister sein Land vehement und erhielt Unterstützung vom Internationalen Gerichtshof und den Vereinten Nationen, die entschieden, dass die Angelegenheit zwischen den beiden Ländern separat hätte gelöst werden müssen. Dies führte zu einer nationalen Krise in Großbritannien, das sich an seinen Kriegshelden, den einzigartigen Winston Churchill, wandte, um eine internationale Demütigung zu vermeiden und die Situation zugunsten Londons zu lösen.

Die neue konservative Regierung Großbritanniens reagierte hart und machte Mosaddeghs Verstaatlichung des Öls praktisch nutzlos. Churchill zögerte, die britischen Streitkräfte in der Region einzusetzen, und übte stattdessen enormen wirtschaftlichen Druck auf den Iran aus, dessen Wirtschaft stark vom Ölexport abhängig war.

Nach der Machtübernahme im Iran wurde allen britischen Mitarbeitern verboten, weiter für die NIOC zu arbeiten, und sie wurden von britischen Truppen aus dem Land eskortiert. Da die Briten jahrzehntelang die Ölfelder betrieben hatten und die überwiegende Mehrheit des kompetenten Personals der AIOC stellten, war die Produktion der NIOC stark beeinträchtigt, da die Belegschaft auf unerfahrene Einheimische reduziert wurde. Außerdem fror Churchills Regierung alle iranischen Guthaben auf britischen Banken ein und verhängte einen Boykott gegen alle iranischen Produkte, gefolgt von einer Blockade der Exporte des Landes. Als Mosaddegh versuchte, Geld von den Vereinigten Staaten zu leihen, lehnte Washington den Antrag des Premierministers ab, was Churchill zuvor sichergestellt hatte.

Insgesamt schwächte die britische Reaktion die ohnehin angeschlagene iranische Wirtschaft weiter. Ende 1951 schwanden der Einfluss und das Ansehen Mosaddeghs im Land. Der iranische Premierminister versuchte, die Unterstützung zurückzugewinnen, indem er das 17. Madschles so manipulierte, dass die Wählerschichten, die seine Partei unterstützten, mehr Macht erhielten, aber es gelang ihm nicht, eine Mehrheit in der Versammlung zu erlangen. Nachdem sich der Schah im Juli geweigert hatte, Mosaddeghs Kandidaten zum neuen Kriegsminister zu ernennen, trat Mosaddegh kurzzeitig von seinem Amt zurück, wurde aber nur fünf Tage später unter dem Druck gewalttätiger Demonstrationen im Iran, bei denen mehr als 250 Menschen ums Leben kamen, vom Schah wieder eingesetzt.

In der zweiten Hälfte des Jahres 1952 meldete sich Mosaddegh jedoch politisch zurück, verteidigte verzweifelt seine Politik und versuchte, an der Macht zu bleiben. Der Premierminister, der sich immer noch der Unterstützung der Bevölkerung sicher war, gewann im Madschles genügend Anhänger, um sich für einen Zeitraum von sechs Jahren „Notstandsvollmachten" zu erteilen. Dies ermöglichte es Mosaddegh, trotz der Unterstützung seiner politischen Verbündeten in Tudeh und Fada-iyan-e, praktisch das gesamte Land allein zu kontrollieren.

Mosaddegh lehnte den britischen Vorschlag für ein neues Ölabkommen ab. Im Oktober brach er sogar die diplomatischen Beziehungen ab und ließ mehrere pro-britische iranische Persönlichkeiten verhaften. Dann kürzte er das Budget der königlichen Familie, setzte seine Autorität gegenüber dem Schah durch und zwang Mohammad Rezas politisch engagierte Schwester ins Exil. Ende des Jahres wurde seine „Notstandsvollmacht" vom Madschles für weitere zwölf Monate verlängert, was zu weiteren Maßnahmen führte, die die Autorität des Premierministers stärkten und seine populistische Politik förderten, um seine Unterstützung zu erhöhen.

Mosaddegh versuchte jedoch, seine eigene Macht zu stärken und drängte zunehmend auf eine linksgerichtete Politik, wie die Umverteilung von Land und höhere Steuern für die Oberschicht, um die Tudeh-Partei zu besänftigen, die den Premierminister immer wieder durch Straßendemonstrationen unterstützt hatte. Konservativere politische Verbündete begannen, ihre Unterstützung zurückzuziehen. Die Kürzung der Mittel für das Militär führte auch dazu, dass die Streitkräfte dem Schah gegenüber loyal wurden, da sie ihn als den wahren Führer des Landes ansahen. Die interne Unterstützung schwand auch aufgrund der verheerenden Auswirkungen der britischen Maßnahmen auf die iranische Wirtschaft, die Inflationsraten erreichten Rekordhöhen und die inländische Produktion brach ein. Immer mehr Gruppen innerhalb und außerhalb des Landes missbilligten Mosaddeghs Entscheidungen, obwohl einige von ihnen seinen ursprünglichen Bestrebungen, die Ölfelder zu verstaatlichen, wohlwollend gegenüberstanden.

Die Amerikaner waren gegenüber dem iranischen Premierminister misstrauisch geworden. Die USA waren enge Verbündete

Großbritanniens und hatten Mosaddegh lange kritisiert. Was Washington jedoch dazu veranlasste, über die Gefahren nachzudenken, die von Teheran ausgehen könnten, war der wachsende Einfluss der links-sozialistischen Tudeh-Partei. Die USA befürchteten, dass sich die feindliche Sowjetunion einmischen und eine linke, prosowjetische Regierung an die Stelle Mosaddeghs setzen könnte. Nachdem die CIA und der britische MI-6 festgestellt hatten, dass Mosaddegh seine Befugnisse missbrauchte, begannen sie Anfang Mai 1953 mit der Planung einer gemeinsamen Operation mit dem Codenamen „Operation Ajax", um einen Staatsstreich im Iran anzuzetteln und den Premierminister zu stürzen. Ihr Plan bestand darin, die öffentliche Meinung gegen Mosaddegh aufzubringen, insbesondere in den ländlichen Provinzen und unter den Stämmen, indem sie Propaganda verbreiteten und Leute bezahlten, die sich bei Demonstrationen als seine Anhänger ausgaben, um den Premierminister glauben zu lassen, dass er mehr öffentliche Unterstützung habe, als dies tatsächlich der Fall war. Die CIA informierte dann Mohammad Reza Schah, der widerwillig zustimmte, den Plan auszuführen.

Zu diesem Zeitpunkt vermutete Mosaddegh bereits eine Verschwörung gegen ihn und versuchte, gegen jeden vorzugehen, von dem er annahm, dass er sich ihm widersetzen würde. Der Premierminister beschloss, im Juli ein nationales Referendum über die Auflösung des Madschles abzuhalten. Die Stimmzettel für das Referendum waren nicht geheim, da es getrennte Kästchen für die Zustimmung und die Ablehnung gab. Die Kästchen wurden von Mosaddegh-treuen Kräften bewacht, was der CIA half, Mosaddegh als undemokratischen, totalitären Herrscher darzustellen, der sich nicht um sein Volk kümmerte. Es überrascht nicht, dass das Referendum, bei dem über 99 Prozent für die Auflösung des Madschles stimmten, dem Premierminister noch mehr Macht verlieh. Der Schah sah den Putsch als gescheitert an und floh aus dem Land. Daraufhin trat Mosaddegh offen für die Abschaffung der Monarchie ein, was im August zu weiteren Demonstrationen führte. Seine Anhänger stürzten die Statuen von Reza Schah, was ironischerweise ebenfalls der Sache der CIA diente.

In Wirklichkeit waren die meisten Demonstranten von der CIA bezahlte Personen, die sich als radikale Linke ausgaben. Ohne sie wäre der Protest nicht so groß und bedrohlich gewesen. Mosaddegh glaubte, dass die Radikalen nicht nur versuchten, die Monarchie abzuschaffen, sondern auch ihn zu stürzen, und befahl loyalen Armeekontingenten, die

Aktivisten zu unterdrücken. Am 19. August war klar, dass die CIA-Operation erfolgreich war, als Tausende von Anti-Mosaddegh-Demonstranten auf die Straße gingen, Regierungsgebäude stürmten und Unruhen auslösten. Bald schlossen sich den Demonstranten, die von prominenten lokalen Aktivisten wie Shaban Jafari angeführt wurden, royalistische Truppen unter der Führung von General Fazlullah Zahedi an, der mit der CIA in Kontakt stand und über den laufenden Putsch gut informiert war. Die von ausländischen Geheimdiensten motivierten und finanzierten Demonstranten stürmten Mosaddeghs Residenz und nahmen ihn gefangen. Der Schah kehrte am 22. August nach Teheran zurück und ernannte Zahedi zum neuen Premierminister.

Menschen in Teheran feiern nach dem erfolgreichen Putsch im Jahr 1953. [22]

Der Staatsstreich von 1953 beseitigte einen der ehrgeizigsten Staatsmänner, die der Iran je gesehen hatte. Mohammad Mosaddegh verbrachte den Rest seines Lebens im Exil unter Hausarrest und starb kurz nach dem Staatsstreich. Bis heute ist er ein klassisches Beispiel für jemanden, der durch zu viel Macht korrumpiert wurde. Er nutzte das Vertrauen vieler Iraner auf eine Weise aus, die dem Land wenig nutzte, obwohl er zu Beginn seines politischen Kampfes gute Absichten hatte. Obwohl er dafür gekämpft hatte, die eklatante Ausbeutung seines Landes und seiner Ressourcen durch eine ausländische Macht zu beenden, erwies sich Mosaddegh als nicht stark genug, um der Macht der Amerikaner und Briten die Stirn zu bieten, die den neuen Premierminister dazu drängten, ein neues Abkommen über Ölkonzessionen abzuschließen. Obwohl Mosaddegh schließlich seinem eigenen Wunsch nach mehr Macht nachgab und deutlich autoritäre Tendenzen zeigte, ist der Putsch von 1953 in der iranischen Bevölkerung als ein weiteres Beispiel dafür verankert, dass ihr Land Opfer einer ausländischen Intervention wurde.

Nach Mossadegh: Die Weiße Revolution

Die neue Regierung unter Premierminister Zahedi war im Wesentlichen von der CIA ernannt worden, und so ist es nicht verwunderlich, dass die Amerikaner und Briten die Hauptnutznießer der politischen Maßnahmen waren, die unmittelbar nach dem Tod Mosaddeghs ergriffen wurden. Obwohl der Rest des Jahrzehnts für den Iran relativ ruhig verlaufen sollte und ab den 1960er Jahren einflussreichere politische Prozesse stattfinden sollten, fanden in den 1950er Jahren einige wichtige Veränderungen statt. So schloss der Iran 1954 ein neues Abkommen über seine Ölreserven. Im Gegenzug für US-Investitionen, Entschädigungszahlungen an die AIOC und vertragliche Verpflichtungen gegenüber ausländischen Unternehmen wurden die Ölreserven des Landes wieder vollständig verstaatlicht und mehr iranische Arbeiter umgeschult, um die Produktion zu steigern. Der Einfluss der USA zeigte sich auch in der Bereitschaft Irans, sich an neuen multilateralen Verträgen zu beteiligen, insbesondere am Bagdad-Pakt von 1955, auch als CENTO bekannt, der Teheran in ein defensives Militärbündnis mit der Türkei, Pakistan und dem Irak einbrachte. Zwei Jahre später verstärkte der von den USA beeinflusste Iran mit der Gründung eines neuen Geheimdienstes namens SAVAK seine Bemühungen, gegen die linksradikalen Tudeh-Gruppen vorzugehen, und beschwichtigte damit die Vereinigten Staaten, die einen umfassenden Krieg gegen Sozialismus und Kommunismus befürworteten, weiter.

Bis 1960 führte die Schwächung der politischen Opposition im Land zu einem wachsenden Einfluss des Schahs, dem es schließlich gelang, seine Macht auf einem mit seinem Vater vergleichbaren Niveau zu konsolidieren. Das Madschles, das 1961 aufgelöst wurde, wurde von zwei konservativen Parteien dominiert, die vom Schah offen bevorzugt wurden. Ein Jahr später, 1962, schlugen die Minister des Schahs das Landreformgesetz vor, das die Großgrundbesitzer zwang, ihr Land an die Regierung zu verkaufen, damit es vom Staat umverteilt werden konnte. 1963 verkündete Mohammad Reza Schah seine Absicht, die iranische Gesellschaft und Wirtschaft grundlegend zu reformieren. Er wollte die Modernisierung, Industrialisierung und Stadtentwicklung vorantreiben und einen wirtschaftlichen Überschuss schaffen.

Die Revolution des Schahs und des Volkes, auch als Weiße Revolution bekannt, wurde im Januar 1963 vom Schah ausgerufen. Er hatte zwanzig Punkte oder Ziele, die er erreichen wollte, von denen sechs direkt zum Zeitpunkt der Proklamation umgesetzt wurden: Die Landumverteilungsreform, die es den Angehörigen der unteren Schichten ermöglichte, das konfiszierte Land zu niedrigeren Preisen und Zinsen zu kaufen, um ihr eigenes Vermögen zu vergrößern; die Verstaatlichung aller Wälder des Landes; der Verkauf staatlicher Fabriken und Produktionsbetriebe, um die Gründung neuer privater Unternehmen und Industrien zu fördern; der so genannte „Gewinnbeteiligungsplan" für Arbeiter, der es ihnen ermöglichte, zusätzlich zu ihrem Lohn weitere Gewinne zu erzielen; die wegweisende Entscheidung, Frauen das Wahlrecht zu gewähren; und schließlich die Gründung eines Alphabetisierungskorps, um die öffentliche Bildung im ganzen Land, insbesondere in den ländlichen Gebieten, zu fördern. Nach einer Volksabstimmung, die mit mehr als fünf Millionen Ja-Stimmen (und nicht mehr als fünftausend Nein-Stimmen) triumphierte, war die Weiße Revolution auf dem Weg.

Das ehrgeizige Reformpaket sollte das Land modernisieren, stieß aber auf heftigen Widerstand. Natürlich profitierte das Land in vielerlei Hinsicht von den vorgeschlagenen Veränderungen. Hunderttausende neuer Familien erwarben Land zu niedrigen Preisen und konnten so der Armut entkommen. Die soziale Stellung der Frauen verbesserte sich deutlich, und die Bildungsreform wirkte sich positiv auf die Landbevölkerung aus, die zuvor schlicht keinen Zugang zu Schulen hatte. Die Weiße Revolution wurde von verschiedenen gesellschaftlichen Gruppen abgelehnt, allen voran von den Ulama.

Vor allem die religiöse Elite war mit dem Schah unzufrieden, zum Teil wegen der neuen Rechte für Frauen, die dem traditionellen Islam widersprachen. Darüber hinaus untergruben die Reformen des Schahs ihre Macht und ihren Einfluss in der iranischen Gesellschaft. So wurden viele ländliche Gemeinden zuvor von Geistlichen unterrichtet, die die Jugend mit Wissen und Respekt für den schiitischen Islam erzogen. Die Alphabetisierungskorps übernahmen die Erziehung der Kinder. Die Landreformen wirkten sich auch auf die Ulama aus, die von den Einkünften aus dem Waqf (Land, das dem religiösen Establishment von seinen Anhängern geschenkt wurde) abhängig waren.

Mohammad Reza Schah Pahlavi verteilt Dokumente über die neuen Reformen während der Weißen Revolution. [23]

In den ersten Wochen nach Ausrufung der Revolution kam es im ganzen Land zu Protesten. Die Proteste wurden von den Truppen des Schahs schnell niedergeschlagen. Im ganzen Land meldeten sich Kritiker der Reformen des Schahs zu Wort. Ein gewisser religiöser Führer und Professor namens Ruhollah Khomeini aus Ghom kritisierte scharf die Untergrabung des Einflusses der Ulama durch Mohammad Reza. Seine Äußerungen erregten schnell die Aufmerksamkeit der Regierung des Schahs, und die SAVAK stürmte seine Schule und verhaftete ihn. Khomeini wurde daraufhin ins Exil geschickt und verbrachte seine Zeit in verschiedenen Ländern des Nahen Ostens und in Europa, wobei er jedoch nie aufhörte, sich aktiv in iranische Angelegenheiten einzumischen.

Parallel zu Mohammad Reza Schahs ehrgeizigem Programm, den Iran sozial, politisch und wirtschaftlich weiterzuentwickeln, verfolgte er zunehmend eine autokratische Politik. Nach 1963 arbeitete der Schah unermüdlich daran, sich als Nachfolger der großen persischen Monarchen wie Kyros dem Großen darzustellen. Er präsentierte sich als eine Art Erlöser, der das Vertrauen des Volkes verdiente. Im Jahr 1967 hielt er seine offizielle Krönungszeremonie in Teheran ab und nahm den alten Titel Schahanschah an, um seinen Status weiter zu unterstreichen. Dann verkündete er, dass die persische Monarchie seit 2.500 Jahren ununterbrochen bestehe – ein nationales Ereignis, das 1971 in Persepolis zum Gedenken an die Gründung des Achämenidenreiches ausgiebig gefeiert wurde. Diese unverhohlene narzisstische Propaganda wurde von anderen Entscheidungen begleitet, die darauf abzielten, seine direkte Macht zu stärken, wie z.B. die Stärkung des Militärs.

Obwohl Mohammad Reza Schah seine Rolle als Marionette der USA allmählich hinter sich gelassen hatte, reichte die Bedrohung durch sowjetischen Einfluss und eine Invasion für Washington aus, um dem Iran eine enorme Menge an Waffen zu verkaufen, so dass das Land bis Mitte der 1970er Jahre eine der größten Streitkräfte der Welt aufbaute. Angesichts der wachsenden Macht der Armee und der abnehmenden britischen Präsenz im Nahen Osten stimmte der Schah einer militärischen Intervention während eines Krieges in Oman zu, wo der Iran kämpfte, um die Sozialisten zu unterdrücken. Die gestiegenen Einnahmen aus dem Ölexport, nachdem der Ölpreis nach dem Krieg zwischen Ägypten, Syrien und Israel neu festgelegt worden war, kamen dem Schah sehr zugute. Der neue Preis hatte den Preis für ein Barrel Öl fast versechsfacht und die Industrie zum profitabelsten Unternehmen des Iran gemacht.

In der zweiten Hälfte der 1970er Jahre begannen sich die Probleme der Weißen Revolution abzuzeichnen, die das Leben der meisten Iraner auf die eine oder andere Weise erheblich beeinträchtigten und sie dazu zwangen, Sympathien für die Anti-Schah-Bewegung zu entwickeln. Die ehrgeizigen Modernisierungsreformen konnten von der Infrastruktur und den Ressourcen des Iran einfach nicht getragen werden. Obwohl das Land über große Energieressourcen verfügte, hatte der Großteil der Bevölkerung keinen zuverlässigen Zugang zu Elektrizität, auch in Teheran kam es regelmäßig zu Stromausfällen. Auch war die Wirtschaft nicht in der Lage, den Geldzufluss durch die gestiegenen Ölpreise zu bewältigen, was zu einer hohen Inflation und schließlich zu einer Wirtschaftskrise führte, obwohl der durchschnittliche Iraner nach der Weißen Revolution im Allgemeinen reicher geworden war. Auch die Landreform schien gescheitert zu sein, da die landwirtschaftliche Produktion zurückging und immer mehr Bauern ihre Höfe aufgaben und in die städtischen Zentren strömten, was zu Unruhen und Überbevölkerung führte. Dies und die zunehmende Fremdenfeindlichkeit in der Bevölkerung aufgrund der Zusammenarbeit des Schahs mit Ländern, die früher als Feinde galten, führten zu einer entscheidenden Reaktion, die den Lauf der iranischen Geschichte noch einmal grundlegend veränderte.

Kapitel Zehn – Die Islamische Republik Iran

Die Islamische Revolution

Langsam wuchs die Unzufriedenheit in der Bevölkerung. Anfang 1978 war das Chaos, das der Schah durch sein Handeln im Land angerichtet hatte, nicht mehr zu übersehen. Die zunehmenden autoritären Maßnahmen, wie die Unterdrückung der Oppositionsparteien und die Aushöhlung des Madschles und der Ulama, stießen nicht nur bei den Iranern auf Kritik, sondern auch im Ausland, da die internationale Gemeinschaft die Auswirkungen der Reformen Mohammad Rezas erkannte. Die Situation brauchte nur einen Funken. Zum Leidwesen des Schahs kam es ab Anfang 1978 zu einer Reihe von Ereignissen, die zu einer neuen Welle von Massenprotesten und schließlich zu dem führten, was als Islamische Revolution bekannt wurde.

Aber jede Revolution braucht einen Führer, eine herausragende Persönlichkeit, die in der Lage ist, die Unzufriedenheit des Volkes zum Ausdruck zu bringen. Die Iraner fanden ihren Anführer in Ayatollah Ruhollah Khomeini, der, obwohl er 1964 wegen seiner Kritik am Schah aus dem Land verbannt worden war, nie aufgehört hatte, auf den schrecklichen Charakter der Herrschaft von Mohammad Reza und seine Besorgnis über die weitere Entwicklung des Landes hinzuweisen. Khomeinis populistische Äußerungen wurden schnell von konservativen schiitischen Iranern und säkularen Liberalen unterstützt, die der verschwenderischen, unproduktiven und autoritären Bestrebungen des Schahs überdrüssig waren und sich ein Ende seiner Herrschaft wünschten.

Angesichts der wachsenden Unzufriedenheit und der immer lauter werdenden Stimme der Ulama, die seit der konstitutionellen Revolution zu Beginn des Jahrhunderts jahrelang untergraben worden war, wurde die religiöse Institution wieder zu einer wichtigen Kraft, die die Mehrheit des Volkes einte. Die wachsende Revolution zog viele Iraner an, darunter diejenigen, die die undemokratische Natur der Herrschaft von Mohammad Reza Schah kritisierten, diejenigen, die fremdenfeindliche Ansichten vertraten und ausländische Einflüsse im Iran ablehnten, und konservativere Iraner, die die Ulama als eine notwendige Kraft

Ayatollah Ruhollah Khomeini. [24]

betrachteten, um den Iran aus der Krise zu führen.

Im Januar 1978 wurde die Regierung auf eine seltsame Allianz zwischen verschiedenen Arten von Demonstranten aufmerksam und verurteilte die bald darauf entstehenden revolutionären Gruppen in einem Zeitungsartikel aus Teheran, in dem es hieß, sie hätten keine Moral und keine gemeinsamen Ziele. Der Artikel beschrieb Khomeini als nichts anderes als einen ausländischen Spion, der das iranische Volk zu seinem eigenen Vorteil ausnutzen wolle. Dies war der erste Sargnagel für die Herrschaft von Mohammad Reza Schah, als Tausende von Khomeini-Sympathisanten auf die Straße gingen. An allen wichtigen öffentlichen Versammlungsorten wie den zentralen Basaren der Großstädte kam es zu Protesten. Die meisten Aktivisten waren religiöse Studenten, die die gleichen konservativen schiitischen Ansichten wie Khomeini vertraten, obwohl sich ihnen auch kleinere, weniger rechtsgerichtete Gruppen anschlossen, die von den Reformen des Schahs negativ betroffen waren und seinen Sturz wünschten. Sie wurden auch von Khomeini selbst ermutigt, der von seinem Exil im Irak aus weiterhin predigte, dass das Land eine religiöse Führung unter einem „obersten Rechtsgelehrten" brauche, eine Idee, die von seinen Sympathisanten schnell aufgegriffen wurde.

Die Regierung reagierte so, wie man es von einem autokratischen Herrscher erwarten würde, der das Gefühl hat, dass ihm die Macht entgleitet: mit einem harten Durchgreifen der Polizei und der gewaltsamen Unterdrückung der Straßenproteste, die bis zum Ende der Revolution Hunderte von Toten forderten. Die Aktionen der vom Schah kontrollierten SAVAK konnten den Aktivisten jedoch nichts anhaben, und der Tod ihrer Landsleute gab ihnen das Gefühl, für eine edle Sache gestorben zu sein, da sie als Märtyrer einer gerechten Revolution galten. Dies ist wichtig, da die islamische Kultur die Rolle des Märtyrertums betont. Es ist wahrscheinlich, dass diese Vorstellung die Demonstranten, deren Zahl mit jeder Demonstration zunahm, anspornte.

Als der Schah den Demonstranten, die sich vierzig Tage nach dem Tod der ersten Demonstranten (nach schiitischer Tradition) versammelt hatten, nicht erlaubte, friedlich der Toten zu gedenken, waren die Aktivisten noch empörter. Bald wurde klar, dass sich alle Gruppen, unabhängig von ihrer politischen oder wirtschaftlichen Einstellung, unter dem Banner ihrer Religion vereinigten. Die schiitischen Führer wurden zu den Anführern der Revolution.

Bis Mitte 1978 kam es in den großen Städten immer wieder zu Demonstrationen, deren Teilnehmerzahl von Mal zu Mal zunahm und die zu gewaltsamen Zusammenstößen mit der Staatspolizei führten. Im September verhängte Mohammad Reza Schah das Kriegsrecht und übernahm als Oberbefehlshaber der Streitkräfte die vollständige Kontrolle über den Staat (soweit er sie nicht schon zuvor ausgeübt hatte), was viele seiner Gegner radikalisierte. Im Oktober forderte er den irakischen Staatschef Saddam Hussein auf, Ayatollah Khomeini des Landes zu verweisen, und stimmte zu, dass der Rechtsgelehrte in Paris Zuflucht suchen sollte.

Die Ankunft Khomeinis in Frankreich hatte für den Schah jedoch verheerende Folgen. Mohammad Reza hatte erwartet, dass die enge Kommunikation zwischen Khomeini und den Revolutionären nach dessen Abreise aus dem benachbarten Irak abbrechen würde. Stattdessen wurde Khomeini von vielen gleichgesinnten Iranern und Nicht-Iranern in Frankreich unterstützt, seine Predigten fortzusetzen, und die Verbindung zwischen ihm und den Demonstranten im Iran wurde immer enger. Ende Oktober, als die Situation immer unerträglicher wurde, begannen die einheimischen Arbeiter zu streiken und brachten die heimische Industrie, einschließlich der Ölförderung, zum Erliegen, was die Position des Schahs erheblich schwächte. Der Schah erkannte, dass das Unvermeidliche auf ihn zukam, wie es bei einer Reihe von Diktatoren vor ihm der Fall gewesen war. Aber es war zu spät.

Ende des Jahres waren Teheran, Täbris, Ghom und andere Großstädte voller Demonstranten, andere zivile Aktivitäten waren fast völlig zum Erliegen gekommen. Die Polizei war nicht in der Lage, die Hunderttausende von Menschen zu kontrollieren, die ein gemeinsames Ziel verfolgten: den Schah loszuwerden. Im Januar 1979, ein Jahr nach Beginn der großen Proteste, flohen der Schah und seine Familie aus dem Land und erklärten offiziell, sie würden einen Urlaub im Ausland verbringen. Die Revolutionäre wussten, dass der Sieg nahe war, da die Regierung, die während der Abwesenheit von Mohammad Reza eingesetzt worden war, nicht in der Lage war, etwas zu unternehmen. Am 1. Februar versammelten sich schätzungsweise eine Million Menschen auf den Straßen Teherans und forderten die Auflösung der Regierung und die Abdankung des Schahs. Ayatollah Ruhollah Khomeini traf in der Hauptstadt ein und schloss sich den Demonstranten an. Ende des Monats sahen sich die Streitkräfte auf der Verliererseite und erklärten ihre Neutralität. Auch die Regierung gab auf. Die Islamische Revolution hatte gesiegt.

Der Iran nach der Revolution

Nach ihrem Triumph und der Flucht des Schahs übernahmen die Revolutionäre nach und nach die Kontrolle über das Land, und Khomeini wurde zu ihrem natürlichen Führer, obwohl er keinerlei politische Erfahrung hatte. Ende März organisierte er ein nationales Referendum, bei dem sich eine überwältigende Mehrheit für die Errichtung einer islamischen Republik anstelle der Monarchie aussprach.

Obwohl Khomeini als Führer der Bewegung galt und die meisten Aktivisten unter dem Banner des schiitischen Islam gegen das korrupte Regime von Mohammad Reza kämpften, führte die Ausrufung der Islamischen Republik Iran schließlich zu einer Spaltung zwischen den eher konservativen und den säkular-liberalen Revolutionären. Der Keil, der zwischen diese beiden Gruppen von Aktivisten getrieben wurde, wurde durch Khomeinis unverhohlene Förderung antiwestlicher Propaganda, die Verurteilung demokratischer Prinzipien und die Säuberung von Hunderten säkularer Sympathisanten noch vertieft.

Bald nach dem Referendum festigten Khomeini und seine Anhänger ihre Herrschaft durch die Schaffung verschiedener Regierungsinstitutionen, die die Bedeutung des Islams im Land betonten und von Khomeini zur weiteren Machtanhäufung genutzt wurden. Schließlich entstanden im ganzen Land, vor allem in Chuzestan und Kurdistan, separate revolutionäre Bewegungen, die nicht nur ideologisch, sondern auch ethnisch motiviert waren. Sie wurden schließlich von der islamischen Regierung unterdrückt.

Obwohl die Revolution von vielen als Mittel gesehen wurde, das autoritäre Regime des Schahs zu beenden, wurde schnell klar, dass Khomeini ein relativ repressives Regime errichtet hatte, da er seine Macht nutzte, um die soziale und politische Landschaft des Landes grundlegend zu verändern. Man darf nicht vergessen, dass die Revolutionäre ein in jeder Hinsicht gelähmtes Land übernahmen, in dem fast alle wirtschaftlichen Aktivitäten zum Erliegen gekommen und die staatlichen Institutionen völlig zusammengebrochen waren. Dies gab Khomeini und seinen Anhängern praktisch uneingeschränkte Macht, und sie errichteten schnell ein fast totalitäres islamisches Regime, patrouillierten durch die Straßen und zwangen die Menschen, sich traditionell schiitisch zu verhalten und zu kleiden.

Eine seiner ersten Entscheidungen war die Rücknahme vieler Rechte und Freiheiten der Frauen, was ein zentraler Punkt der Proteste religiös-konservativer Gruppen gewesen war. Um seine Autorität durchzusetzen, schuf Khomeini auch eine eigene Polizeitruppe, das Korps der Islamischen Revolutionsgarden, das sich aus Freiwilligen und fanatischen Anhängern Khomeinis zusammensetzte.

Demonstranten während der Islamischen Revolution mit einem Transparent: „Wir wollen eine islamische Regierung unter der Führung von Imam Khomeini".[25]

Als „Oberster Führer" (*rahbar*) hatte Khomeini eine Sonderstellung, die über den Rahmen der republikanischen Regierung und der Verfassung hinausging und ihm praktisch freie Hand in den Angelegenheiten des Landes gab. Dies ermöglichte ihm, weiterhin gegen alles vorzugehen, was den westlichen Einfluss auf den Iran symbolisierte, was schließlich im November 1979 in Demonstrationen vor der US-Botschaft in Teheran gipfelte. Die Demonstranten forderten die Auslieferung Mohammad Reza Schahs durch die Amerikaner, da sich der im Exil lebende Schah zu dieser Zeit in den USA einer Krebsbehandlung unterzog. Möglicherweise aus Angst, Mohammad Reza könnte mit Hilfe der CIA einen neuen Putsch planen, um wie 1953 wieder an die Macht zu kommen, stürmten die Demonstranten das Botschaftsgebäude und nahmen 66 amerikanische Staatsbürger als Geiseln, was als Geiselnahme von Teheran bekannt wurde.

Als ob die Beziehungen zwischen dem Iran und den USA nicht schon durch die konservative und antiwestliche Übernahme der islamischen Revolution angespannt genug gewesen wären, belastete die Geiselnahme die Beziehungen zwischen den beiden Ländern bis zum Zerreißen und zwang Washington zu einer misstrauischen Haltung gegenüber Teheran, die sich bis heute nicht gelegt hat. Nach etwa einem Jahr politischer Manöver und Verhandlungen, harten Sanktionen der Regierung Jimmy Carters und dem Druck der internationalen Gemeinschaft (der die ohnehin schwächelnde iranische Wirtschaft völlig zum Erliegen brachte) wurden die Geiseln im Januar 1981 freigelassen.

Neben der Geiselkrise, der Unterdrückung von Minderheiten und Oppositionsgruppen, der Einführung von Maßnahmen, die von vielen als totalitär bezeichnet wurden, und der Durchsetzung eines traditionelleren islamischen Lebensstils wurde der postrevolutionäre Iran unter Khomeini auch in einen Krieg mit seinem Nachbarn Irak hineingezogen. Offizieller Grund für die irakische Invasion im September 1980 waren jahrzehntelange Grenzstreitigkeiten zwischen den beiden Ländern. Tatsächlich aber wollte Saddam Hussein die westlichste iranische Provinz Chuzestan erobern, eine ölreiche Region, in der auch die größte arabische Bevölkerung des Landes lebte. Hussein erkannte die instabile Lage im Iran, die durch die harten Maßnahmen Khomeinis entstanden war, und hielt den Zeitpunkt für einen Krieg für günstig, zumal der Iran seine engen Beziehungen zu ausländischen Mächten verloren hatte, die auf Seiten des Iran in den Konflikt hätten eingreifen können.

Hussein hoffte auf einen schnellen und entscheidenden Sieg, da er glaubte, dass Khomeini keine Zeit haben würde, angemessen auf die Invasion zu reagieren, da er damit beschäftigt war, seine Macht in Teheran zu festigen. Zudem war die iranische Armee aufgrund der Islamischen Revolution stark desorganisiert. Und unmittelbar nach Kriegsbeginn machten die irakischen Streitkräfte große Fortschritte in Richtung ihrer Ziele und besetzten wichtige Teile des Südwestens und Westens des Iran.

Doch trotz Husseins größten Hoffnungen erwies sich der Krieg als genau das, was Khomeini und die Revolutionäre brauchten, um ihre Differenzen beiseitezulegen und sich gegen einen gemeinsamen Feind zu verbünden. Unter der Führung des Obersten Führers Khomeini versammelte sich das Volk hinter der islamischen Regierung, allen voran das neu gegründete Korps der Revolutionsgarden. Das Korps wurde aus den Städten an die Front verlegt und ersetzte im Wesentlichen den Großteil der iranischen Streitkräfte. Krieg ist ein gutes Mittel, um interne Schwächen des Feindes auszunutzen, aber auch ein Vorwand, um interne Konflikte zu beenden, um sich einer größeren externen Herausforderung zu stellen, wie es bei der iranischen Bevölkerung der Fall war.

Nach einigen Monaten heftiger Kämpfe eroberten die iranischen Streitkräfte die verlorenen Gebiete zurück und drangen bis zum Sommer 1982 sogar bis in den Osten des Irak vor. Beide Seiten lieferten sich unerbittliche Kämpfe, bei denen nicht nur militärische Einrichtungen, sondern auch zivile Wohnhäuser, Stadtzentren und Ölraffinerien angegriffen wurden, um sich gegenseitig so weit wie möglich zu schwächen. Khomeini und die islamische Regierung nutzten den Krieg, um ihre Macht über das Land zu festigen und sich als Anführer gegen einen fremden sunnitischen Eindringling aufzuspielen. Die internationale Gemeinschaft konnte nur zusehen, wie sich die beiden Länder des Nahen Ostens gegenseitig zerstörten.

Nach der iranischen Gegenoffensive von 1982 kam der Krieg für sechs Jahre zum Stillstand. Obwohl die Kämpfe nie wirklich aufhörten, entschloss sich keine der beiden Seiten, ihre ganze Kraft einzusetzen. Khomeini konnte sich zur Überraschung Husseins behaupten. Ironischerweise nutzte Khomeini einen Großteil der amerikanischen Ausrüstung und Waffen, um die Iraker zurückzuschlagen. Die Vereinigten Staaten mobilisierten einen Teil ihrer Streitkräfte in den Golfstaaten, da der Krieg die Ölexporte der Region beeinträchtigte.

Ein einschneidendes Ereignis war der versehentliche Abschuss des Iran-Air-Fluges 665, eines inländischen Passagierfluges, im Juli 1988 durch ein US-Kriegsschiff, das das Flugzeug fälschlicherweise für einen feindlichen Jet hielt. Der Vorfall kostete etwa dreihundert Menschen das Leben und wurde schnell zu einem weiteren Beispiel ausländischer Einmischung, zumindest in den Augen der iranischen Bevölkerung.

Der Krieg selbst endete im Spätsommer 1988 mit einem von den Vereinten Nationen vermittelten Waffenstillstand, der für beide Seiten keine nennenswerten Fortschritte brachte: Beide Seiten zogen sich auf ihre Vorkriegsgrenzen zurück. Obwohl der Krieg technisch gesehen kein Sieg war, ermöglichte er es Khomeini, einen Großteil des innenpolitischen Widerstandes, der als Reaktion auf seine autoritären Maßnahmen entstanden war, zu unterdrücken und auszuschalten.

Alles in allem war die Islamische Revolution der Höhepunkt einer Reihe von Machtkämpfen zwischen einheimischen Kräften im Iran während des 20. Jahrhunderts. Die Ära von Ayatollah Ruhollah Khomeini, dem Obersten Führer und einer der populärsten Persönlichkeiten des öffentlichen Lebens im Iran in der Geschichte des Landes, hat jedoch möglicherweise nicht die Ergebnisse gebracht, die vor der Revolution versprochen worden waren. Im Laufe der Jahre und mit der Umsetzung immer radikalerer Maßnahmen zur Sicherung seiner uneingeschränkten Macht wurde deutlich, dass der Iran noch nicht so wohlhabend geworden war, wie er es hätte sein können. Die absolute Monarchie von Muhammad Reza Pahlavi war zwar vorbei, wurde aber durch ein ebenso autokratisches Regime ersetzt. Wie viele schnell erkannten, verbesserte sich die Lebensqualität der iranischen Bevölkerung nicht wirklich.

Ruhollah Khomeini, der revolutionäre Imam, der die Islamische Republik Iran gegründet und das Land zu seinen traditionellen schiitischen Wurzeln zurückgeführt hatte, starb im Juni 1989, doch das von ihm errichtete Regime sollte weiter bestehen.

Der zeitgenössische Iran

Wir treten nun in die letzte Ära des Iran ein, die weitgehend nach dem Tod von Ruhollah Khomeini und seiner Ablösung als Oberster Führer durch Ali Khamenei, der zuvor als Präsident des Landes gedient hatte, begann. Khamenei wurde von Khomeini vor dessen Tod ausgewählt und ist zum Zeitpunkt der Abfassung dieses Artikels immer noch der Oberste Führer. Obwohl Khamenei seinen Vorgänger in Bezug auf die Errungenschaften nur wenig übertreffen kann, hat seine Amtszeit die Position des Iran als mächtiger internationaler und regionaler Akteur gefestigt und ein politisches System entwickelt, das nach wie vor von der religiösen Autorität dominiert wird.

Der Iran befindet sich heute in einer schwierigen Lage, da die übrige Welt liberaler, säkularer und demokratischer geworden ist als je zuvor. Seit dem Tod Khomeinis wird der politische Prozess im Iran vom Konflikt zwischen der konservativen Mehrheit, die die religiösen Grundlagen des Landes verteidigt, und einer liberaleren Minderheit, die auf eine stärkere Modernisierung und Stabilisierung der Außenbeziehungen drängt, dominiert.

Der Oberste Führer Ali Khamenei [26]

Nach der „Beförderung" Khameneis vom Präsidenten zum Obersten Führer wurde Ali-Akbar Hashemi Rafsandschani für zwei aufeinanderfolgende vierjährige Amtszeiten bis zu seinem Ausscheiden 1997 neuer Präsident des Landes. Rafsandschanis Amtszeit, die von vielen als Beispiel für einen „pragmatischen Konservatismus" angesehen wurde, war durch seine Bemühungen gekennzeichnet, die Wirtschaft des Landes wiederzubeleben, da die Nation stark gelitten hatte. Er versuchte dies vor allem durch die Aufhebung der staatlichen Kontrolle über verschiedene verstaatlichte Industrien und durch die Förderung einer stärkeren Beteiligung der Bevölkerung an der Wirtschaft, um den privaten Wohlstand zu erhöhen. Obwohl Rafsandschani technisch gesehen ein Konservativer war (er lehnte den Westen in vielerlei Hinsicht ab, z.B. die Beteiligung der USA am Persischen Golfkrieg), war er bei den konservativen religiösen Gruppen nicht beliebt.

Einige der Entwicklungen, die in den 1990er Jahren stattfanden, wurden jedoch nicht wirklich von Rafsandschani und der Regierung initiiert. In dieser Zeit wurden technologische Entwicklungen im Land eingeführt, die schließlich zur Förderung einer politischen Kultur führten, die bessere Beziehungen zum Westen befürwortete. In dieser Hinsicht waren die Hauptbefürworter einer stärkeren Verwestlichung junge Erwachsene, die zu jung waren, um sich an das Pahlavi-Regime oder die Islamische Revolution zu erinnern, und die einfach in einem wohlhabenden Land leben wollten, das dieselben Vorteile genoss wie andere westliche Gesellschaften. In dieser Zeit wuchs auch das weltweite Bewusstsein für die undemokratischen, autoritären Maßnahmen und Menschenrechtsverletzungen im nachrevolutionären Iran, was dazu führte, dass viele internationale Akteure die Schaffung einer freieren Gesellschaft forderten, was einfach nicht möglich war, solange die schiitischen Ulama ihre strenge Kontrolle über das Land aufrechterhielten.

Das verstärkte Streben nach Veränderung zeigte sich bei den Präsidentschaftswahlen 1997, aus denen mit Mohammad Khatami ein eher liberaler Reformer als Sieger hervorging, was für die konservativen Kräfte an der Spitze des Landes eine unangenehme Überraschung darstellte. Khatami gewann mit mehr als zwei Dritteln der Stimmen und versprach seinen Wählern gesellschaftliche Veränderungen, die einige der eingeführten Restriktionen positiv verändern sollten. Er wollte vor allem die staatliche Zensur abbauen und drängte auf eine Verringerung des religiösen Einflusses auf staatliche Angelegenheiten, stieß damit aber auf heftigen Widerstand der konservativen Regierung.

Khatami war keineswegs ein radikaler Linker, der Reformen vorantrieb, die dem religiösen Establishment zuwiderliefen. Er war vielmehr ein gemäßigter Politiker, der versuchte, seine Politik so auszubalancieren, dass sie die Mehrheit des Landes zufrieden stellte.

Dennoch mischte sich der Oberste Führer Khamenei ein, wenn es um die konkrete Umsetzung von Veränderungen ging. Dies wurde noch deutlicher, als bei den Kommunalwahlen 1999 die reformorientierten Kräfte die Mehrheit der Sitze in den Kommunalverwaltungen gewannen. Die von Khamenei kontrollierte Polizei ging hart gegen die antikonservativen Sympathisanten des Präsidenten vor, bei denen es sich überwiegend um Jugendliche handelte. Studentenproteste wurden im ganzen Land niedergeschlagen. Auch nach seiner Wiederwahl 2001 gelang es Khatami nicht, seine Agenda durch das konservative Parlament zu bringen, und die Wahlen 2005 machten seine Bemühungen fast vollständig zunichte.

Im Jahr 2005 änderte sich die Machtdynamik im Iran erneut, als der konservative Mahmud Ahmadinedschad die Präsidentschaftswahlen gewann und 2006 nach seiner Vereidigung die Hand des Obersten Führers Khamenei küsste. Ahmadinedschad, der die volle Unterstützung Khameneis genoss, verstärkte die staatliche Kontrolle über das Leben der iranischen Bevölkerung und führte strenge Zensurmaßnahmen ein. Seine erste Amtszeit fiel auch mit dem Aufstieg Irans zur Regionalmacht zusammen, nachdem die US-Intervention im Irak zum Sturz des totalitären Saddam Hussein, des langjährigen Rivalen Teherans, geführt hatte.

Die Amtszeit Ahmadinedschads war jedoch von hohen Inflationsraten geprägt, die auf eine neue Runde von Wirtschaftssanktionen der internationalen Gemeinschaft zurückzuführen waren, die den Iran verdächtigte, ein eigenes Atomwaffenprogramm zu entwickeln. Der Vorwurf lautete, dass Teheran seine gegenüber der Internationalen Atomenergiebehörde eingegangenen Verpflichtungen nicht eingehalten habe, und als Beweis dafür wurden das zunehmende Interesse Teherans an der Nuklearforschung sowie die Eröffnung von Atomkraftwerken, Uranminen und -raffinerien angeführt. Das von vielen Ländern gegen den Iran verhängte Embargo führte zu wirtschaftlichen Schwierigkeiten, die Ahmadinedschad nur schwer überwinden konnte, was sich auf seine Position im Land auswirkte und schließlich 2013 zur Wahl von Hassan Rouhani zum neuen Präsidenten führte.

Schlussbemerkung

Nur wenige Länder können auf eine so spannende und faszinierende Geschichte zurückblicken wie der Iran. Der Iran liegt in Westasien in der Region des Zagros-Gebirges, eingeklemmt zwischen dem Kaspischen Meer im Norden und dem Persischen Golf im Süden, und ist seit Jahrtausenden die Heimat verschiedener Zivilisationen. Von der prähistorischen Zeit bis zur Gründung der Islamischen Republik Iran in ihrer heutigen Form ist die Geschichte des Iran reich an denkwürdigen Momenten und Entwicklungen, die das Land und seine Menschen geprägt haben. Geprägt von ständigen Kriegen, dem Kampf um Freiheit und Überleben und dem Willen, seine reiche und bedeutende Kultur zu bewahren, hat das iranische Volk durchgehalten.

Was den Iran von anderen Ländern mit einer reichen Geschichte unterscheidet, ist die Tatsache, dass alle Kulturen, die in der Region lebten, in ihrer jeweiligen Epoche von großer Bedeutung waren, sogar in der Antike. Es ist nicht überraschend, dass die Gründung und anschließende Herrschaft des achämenidischen Persiens als eines der goldenen Zeitalter in der iranischen Geschichte angesehen wird, da es das erste Mal war, dass ein fortgeschrittenes persisches Reich die Region von Anatolien bis zum heutigen Indien beherrschte. Es kontrollierte sogar Gebiete in der Levante und in Ägypten. Von Kyros dem Großen über Dareios den Großen, die Eroberung Persiens durch Alexander, die Hellenisierung unter den Seleukiden bis hin zum Aufstieg der Parther und später der Sassaniden waren die rund tausend Jahre bis zum Beginn des Mittelalters von spannenden gesellschaftlichen und politischen Ereignissen geprägt. Eine Vielzahl unterschiedlicher Kulturen und

Religionen blühte auf und machte das antike Persien zu einer der faszinierendsten Hochkulturen der Weltgeschichte.

Seit dem frühen Mittelalter, mit der arabischen Eroberung und der anschließenden Einführung des Islams, haben wir es mit einer neuen Epoche in der iranischen Geschichte zu tun, die durch relative Instabilität und Chaos gekennzeichnet ist. Die Menschen im Iran mussten ihre weitgehend von Stammesriten und Traditionen geprägte Lebensweise an eine neue, islamische Lebensweise anpassen, die sich für immer in ihre Psyche einprägte. Trotz der Fremdherrschaft und der relativen Schwäche der lokalen Staaten gelang es dem Iran jedoch, seine kulturellen und sozialen Wurzeln zu bewahren, auch nachdem die Mongolen und Timuriden die Macht übernommen hatten. Diese Periode brachte eine der erstaunlichsten Entwicklungen des iranischen Erbes hervor, da sie die ersten Beispiele einer einzigartigen Mischung aus islamischer und vorislamischer Architektur, Literatur, Tradition, Kunst und vielen anderen Aspekten des Lebens hervorbrachte.

Der langsame Globalisierungsprozess des Iran und seine verstärkte Einbindung in internationale Angelegenheiten begannen wahrscheinlich mit dem Aufstieg der Safawiden-Dynastie und der Wiedererrichtung einer iranischen Monarchie nach Jahrhunderten unter dem Joch der Mongolen. Unter den Safawiden nahm der Iran den schiitischen Islam an, der nach dem Zusammenbruch des safawidischen Persiens im 18. Jahrhundert zu einem grundlegenden Bestandteil der Identität des Landes werden sollte. Diese einflussreiche, aber letztlich instabile Dynastie herrschte über Gebiete weit jenseits der heutigen iranischen Grenzen, zerfiel aber schließlich. Die Safawiden wurden schließlich von den Kadscharen abgelöst, die mit der vielleicht schwierigsten Zeit für Monarchien in der frühen modernen Welt konfrontiert waren: dem entscheidenden 19. Jahrhundert. Europa wandte sich allmählich dem Liberalismus und Nationalismus zu, und Persien versuchte erfolglos, Schritt zu halten. Die meisten Kadscharenherrscher waren mit einer Vielzahl von Problemen konfrontiert und hatten kaum Zeit, sich mit Aktivitäten zu beschäftigen, die zu einer Modernisierung – zumindest nach europäischen Maßstäben – geführt hätten, insbesondere angesichts des wachsenden Einflusses der schiitischen Ulama, die in dieser Zeit zu einer der stärksten Kräfte im Land wurden.

Während die europäischen Nationen ihre globale Macht ausbauten und ihre Überlegenheit ausnutzten, gerieten die Kadscharen-Monarchen zunehmend unter die Kontrolle der Perser, die erkannten, dass der Staat mehr hätte tun können, um die Dinge zum Besseren zu wenden. Der Sturz der Kadscharen im 20. Jahrhundert läutete die letzte Periode in der Geschichte des Iran ein, eine Periode des ständigen Kampfes um Modernisierung. In den letzten 120 Jahren hat das iranische Volk mehrere Regierungen kommen und gehen sehen, die alle versprachen, in seinem besten Interesse zu handeln, aber letztlich auf die eine oder andere Weise scheiterten. Tatsächlich brachten die konstitutionelle Revolution und die erste Hälfte der Pahlavi-Monarchie große Verbesserungen in fast allen Lebensbereichen. Es schien, als sei das Land wieder auf den Beinen und auf dem Weg, sein enormes Potenzial auszuschöpfen. Die Jahre der Prosperität wichen jedoch zunehmend autokratischen Regimen, was zu einem Vertrauensverlust in der Bevölkerung führte. Ende der 1970er Jahre erlebte der Iran seine letzte große Veränderung und wurde als Islamische Republik neu organisiert. Die Islamische Republik Iran existiert noch heute, und es wird interessant sein zu sehen, was in Zukunft passieren wird, insbesondere angesichts der aktuellen Proteste. Nur die Zeit wird zeigen, ob das Land im Zeitalter der Moderne und Technologie angemessen funktionieren kann oder nicht.

Die Geschichte Irans ist nicht nur die Geschichte seiner zahlreichen Kriege oder seiner Herrscher. Vielmehr ist es der Wandel der Menschen im Laufe der Epochen, der die Aufmerksamkeit vieler Historiker auf sich gezogen hat. Sie haben sich den Veränderungen angepasst und eine der blühendsten und vielfältigsten Kulturen der Welt geschaffen.

Schauen Sie sich ein weiteres Buch aus der Reihe Enthralling History an.

Literatur

1. Abrahamian, E. (1974). "Oriental Despotism: The Case of Qajar Iran." International Journal of Middle East Studies, 5(1), 3–31. http://www.jstor.org/stable/162341.

2. Abrahamian, E. (1979). "The Causes of the Constitutional Revolution in Iran." International Journal of Middle East Studies, 10(3), 381–414. http://www.jstor.org/stable/162146.

3. Arjomand, S. A. (1985). "The Causes and Significance of the Iranian Revolution." State, Culture, and Society, 1(3), 41–66. http://www.jstor.org/stable/20006816.

4. Arjomand, S. A. (1986). "Iran's Islamic Revolution in Comparative Perspective." World Politics, 38(3), 383–414. https://doi.org/10.2307/2010199.

5. Babayan, K. (1994). "The Safavid Synthesis: From Qizilbash Islam to Imamite" Shi'ism. Iranian Studies, 27(1/4), 135–161. http://www.jstor.org/stable/4310890.

6. Bhagat, G. BHAGAT, G. (1987). "Khomeini: Leader of Islamic Revolution in Iran." The Indian Journal of Political Science, 48(1), 31–41. http://www.jstor.org/stable/41855864.

7. Britannica, T. Editors of Encyclopedia (2021, April 29). "Iran summary." Encyclopedia Britannica. https://www.britannica.com/summary/Iran.

8. Brosius, M. (2013). *Greek Sources on Achaemenid Iran.*

9. Daniel, E. L. (2012). *The History of Iran (Second, Ser. The Greenwood Histories of the Modern Nations).* Greenwood. Retrieved November 1, 2022.

10. Faghfoory, M. H. (1987). "The Ulama-State Relations in Iran: 1921-1941." International Journal of Middle East Studies, 19(4), 413-432. http://www.jstor.org/stable/163209

11. Ghods, M. R. (1991). "Iranian Nationalism and Reza Shah." Middle Eastern Studies, 27(1), 35-45. http://www.jstor.org/stable/4283413.

12. Hunt, C. (2005). *The History of Iraq (Ser. The Greenwood Histories of the Modern Nations)*. Greenwood Press. Retrieved November 5, 2022.

13. Keddie, N. R. (1983). "Iranian Revolutions in Comparative Perspective." The American Historical Review, 88(3), 579-598. https://doi.org/10.2307/1864588.

14. KEDDIE, N. R. (2000). "Women in Iran since 1979." Social Research, 67(2), 405-438. http://www.jstor.org/stable/40971478.

15. Morony, M. G. (1976). "The Effects of the Muslim Conquest on the Persian Population of Iraq." Iran, 14, 41-59. https://doi.org/10.2307/4300543.

16. Paul, J. (1998). "Early Islamic History of Iran: From the Arab Conquest to the Mongol Invasion." Iranian Studies, 31(3/4), 463-471. http://www.jstor.org/stable/4311181.

17. Perry, J. R. (1971). "The Last Ṣafavids, 1722-1773." Iran, 9, 59-69. https://doi.org/10.2307/4300438.

18. Rabi, U., & Ter-Oganov, N. (2012). "The Military of Qajar Iran: The Features of an Irregular Army from the Eighteenth to the Early Twentieth Century." Iranian Studies, 45(3), 333-354. http://www.jstor.org/stable/41445213.

19. Sykes, P. (2022). *History of Persia*. Routledge.

Bildquellen

1 https://commons.wikimedia.org/wiki/File:Map_of_Iran.jpg

2 https://commons.wikimedia.org/wiki/File:Median_Empire.jpg

3 https://commons.wikimedia.org/wiki/File:Achaemenid_Empire_559_-_330_(BC).png

4 https://commons.wikimedia.org/wiki/File:Diadoch.png

5 https://commons.wikimedia.org/wiki/File:Sassanid_Empire_226_-_651_(AD).GIF

6 https://commons.wikimedia.org/wiki/File:IslamicConquestsIroon.png

7 https://commons.wikimedia.org/wiki/File:Map_of_expansion_of_Caliphate.svg

8 Ro4444, edited by me, CC BY-SA 4.0 <https://creativecommons.org/licenses/by-sa/4.0>, via Wikimedia Commons; https://commons.wikimedia.org/wiki/File:Map_of_the_Samanid_amirate_at_the_death_of_Nasr_II,_943.svg

9 https://commons.wikimedia.org/wiki/File:Ilkhanate_in_1256%E2%80%931353.PNG

10 https://commons.wikimedia.org/wiki/File:Shah_Ismail_I.jpg

11 https://commons.wikimedia.org/wiki/File:QIZILBASH.jpg

12 https://commons.wikimedia.org/wiki/File:ShahAbbasPortraitFromItalianPainter.jpg

13 https://commons.wikimedia.org/wiki/File:The_maximum_extent_of_the_Safavid_Empire_under_Shah_Abbas_I.png

14 https://commons.wikimedia.org/wiki/File:Painting,_portrait_of_Nader_Shah_seated_on_a_carpet,_oil_on_canvas,_probably_Tehran,_1780s_or_1790s_(cropped).jpg

15 https://commons.wikimedia.org/wiki/File:MohammadKhanQajari.jpg

16 Fabienkhan, CC BY-SA 2.5 <https://creativecommons.org/licenses/by-sa/2.5>, via

Wikimedia Commons; https://commons.wikimedia.org/wiki/File:Map_Iran_1900-en.png

17 https://commons.wikimedia.org/wiki/File:Aiocoil.jpg

18 https://commons.wikimedia.org/wiki/File:Representatives_of_the_First_Iranian_Parliament_WDL11288.png

19 https://commons.wikimedia.org/wiki/File:Reza_shah_uniform.jpg

20 https://commons.wikimedia.org/wiki/File:Soviet_tankmen_of_the_6th_Armoured_Division_drive_through_the_streets_of_Tabriz_(2).jpg

21 https://commons.wikimedia.org/wiki/File:Mohammad_Mosaddegh_portrait.jpg

22 (https://commons.wikimedia.org/wiki/File:Operationajax.jpg

23 https://commons.wikimedia.org/wiki/File:Mrplandreform1.jpg

24 https://commons.wikimedia.org/wiki/File:Ruhollah_Khomeini_portrait_1.jpg

25 https://commons.wikimedia.org/wiki/File:Islamic_Government_(17_Shahrivar).jpg

26 Official website of Ali Khamenei, CC BY 4.0 <https://creativecommons.org/licenses/by/4.0>, via Wikimedia Commons https://commons.wikimedia.org/wiki/File:Supreme_leader_Ali_Khamenei_meeting_with_the_air_force_commanders_and_personnel_(5).jpg